마음을 뒤흔드는 마술

직감

초판 1쇄 인쇄 · 2008. 3. 1.
초판 1쇄 발행 · 2008. 3. 15.

지은이 · 잉에 파취
옮긴이 · 강희진
발행인 · 이상용 이성훈
발행처 · 청아출판사
출판등록 · 1979. 11. 13. 제9-84호
주소 · 경기도 파주시 교하읍 문발리 출판문화정보산업단지 507-7
대표전화 · 031-955-6031 편집부 · 031-955-6032 팩시밀리 · 031-955-6036
홈페이지 · www.chungabook.co.kr E-mail · chunga@chungabook.co.kr

ISBN 978-89-368-0371-1 03180

* 값은 뒤표지에 있습니다.
* 잘못된 책은 바꾸어드립니다.
* 독자 의견에 항상 귀 기울이고 있습니다.

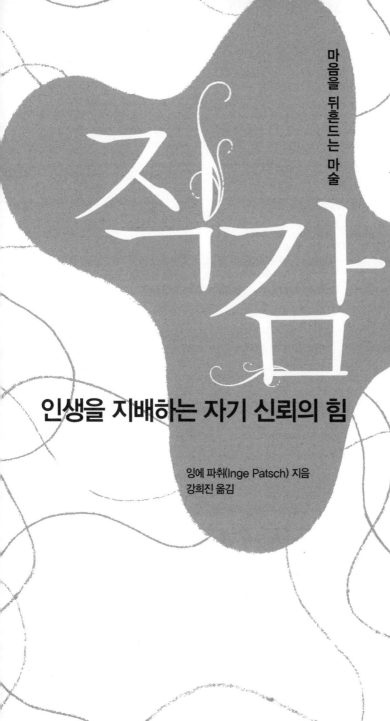

마음을 뒤흔드는 마술

자신감

인생을 지배하는 자기 신뢰의 힘

잉에 파취(Inge Patsch) 지음
강희진 옮김

청아출판사

서문

가장 중요한 것은 두려움이 아니다.
지금 당장 어떤 느낌이 드는지도 아니다.
단 한 가지, 그보다 더 중요한 유일한 것은 바로
그 감정을 어떻게 대하느냐 하는 것,
바로 가치관이다.

— 빅터 E. 프랭클

"난 내 직감을 믿어!"

"난 나 자신을 믿어!"

"그때 그 직감대로 했어야 하는데!"

사람들은 딱딱한 법칙이나 "제발 네 자신을 좀 믿어!"라는 마음의 호소가 있어서 자기 직감대로 행동하는 것이 아니다. 직감대로 하고 싶다면 우선 몇 가지 장애물을 넘어야 한다. 기대가 이뤄지지 않을 것 같은 두려움이라는 장애물도 극복해야 하고, 마음을 짓누르는 죄책감이라는 장애물도 뛰어넘어야 한다. 그 모든 장애물들은 자신감을 약화시키고, 자신감 부족은 결국 대인관계 능력까지 위축시켜 버린다.

이 책에서는 감정과 밀접해 있는 몇 가지 주제들을 다루고 있다. 각 주제별로 독립되어 있기 때문에 굳이 순서대로 읽지 않아도 된다. 희망이라는 마술에서 영감을 얻고 싶다면, 혹은 용서와 원망 사이의 경계를 찾고 싶다면 그 부분만 찾아서 읽어도 무방하다.

이 책을 집필하는 동안 나 또한 알게 모르게 많은 이들로부터 영감을 얻었다. 그 중에서도 가장 많은 영감을 준 이는 빅터 E. 프랭클이었다. 프랭클은 이른바 정신요법의 비엔나 제3 학파로 불리는 로고테라피 학파와 실존분석의 창시자이다. 프랭클이라는 인물과 그의 가르침에 대한 나의 믿음은 해가 거듭될수록 더 확고해졌다. 프랭클의 책을 탐독하고 거기에서 교훈을 찾는 동안 "그래, 바로 이거야!"라는 느낌을 수없이 많이 받았다.

마음을 다잡고 이 책을 읽으려는 독자들도 프랭클의 책을 읽을 때의 나처럼 무릎을 탁 치게 되는 경험을 많이 하게 되기를 바란다.

우리 모두는 이미 힘든 무언가를 이겨 낸 사람들이다. 그 사람들끼리 서로 용기를 북돋우며 함께 어울려 살아갈 수 있는 세상이 되기를 진심으로 기원한다.

－잉에 파췌

차 례

※ 각 페이지 각주에서 *는 역자 주이며 n) 숫자는 저자 주입니다.

평탄한 길만 걸어갈 일이 아니다.

아직 아무도 가지 않은 길을 걷기도 해야 한다,

그래야 먼지바람뿐 아니라 발자취도 남길 수 있을 테니까.

— 생텍쥐페리

마음의 가장 큰 힘은
바꿀 수 있다는 것이다

'무언가를 가슴 깊이 새기다'

'마음을 털어놓다'

'마음먹은 생각은 입 밖으로 흘러나오게 마련'

위의 표현들에 사용된 '마음'이라는 단어는 단순한 '심장'이라는 생물학적 의미를 뛰어넘는다. 생물학적으로 측정 가능한 것은 심장의 박동수일 뿐이다. 1분당 대략 60회를 뛰는 게 보통이지만 사랑에 빠지거나 겁에 질리면 박동수는 더 올라간다. 그 이때 수치로 잴 수 있는 것은 심장이 뛰는 횟수이지 감정의 정도가 아니다. 과학으로는 기쁨도 사랑도 증명할 수 없다. 그럼에도 불구하고 우리 모두는 그러한 감정들을 느낀다.

심장은 이성(理性)으로 이해할 수 없는 분별력을 지니고 있다.

— 파스칼(1623–1662)

"오로지 마음으로 보아야만 제대로 볼 수 있어. 가장 중요한 것은 눈에는 보이지 않는 법이거든."

– 생텍쥐페리(1900–1944)

심장은 날카로운 이성보다 늘 더 먼 곳을 내다본다.

– 빅터 E. 프랭클(1905–1997)

심장, 즉 마음은 자기 자신만의 고유한 언어를 갖고 있고, 그 언어는 대개 아주 낮은 목소리로 속삭인다.

어느 날, 베르너는 자전거를 타고 숲길을 지나다가 바닥에 가로놓인, 그다지 굵지 않은 나뭇가지 하나를 발견한다. 그러자 베르너 내면의 어떤 고요한 목소리가 어서 내려서 자전거를 끌고 나뭇가지를 넘어가라고 속삭인다. 하지만 자전거 타기에 능숙한 베르너는 '뭐, 내릴 필요까지야 있겠어?'라며 자전거에 탄 채로 나뭇가지를 뛰어넘으려 한다. 다음 순간, 베르너는 바닥에 나동그라진 채 온몸을 관통하는 듯한 통증에 시달린다. 어깨가 부러진 것이다. 나중에 친구들한테 상황을 설명하던 베르너는 "제발 내려서 자전거를 끌고 나뭇가지를 지나가라는 경고가 내 안에서 분명 느껴졌어. 그때 그 느낌을 믿어야 했는데 말이야……"라고 말했다.

　직감이라는 나지막한 목소리는 이성이라는 목청 높은 소리와 종종 충돌하곤 한다. 앞날을 내다볼 수 있는 혜안을 지닌 마음은 직감이라는 수단을 통해 메시지를 전달한다. 마음은 이성으로는 도저히 이해할 수 없는 분별력을 지니고 있기 때문에 직감이 적절한 매개체가 되는 것이다. 하지만 마음은 차라리 침묵하며 상황을 여유롭게 지켜볼 때도 있다. 이성이 극도로 팽배했을 때에는 입을 다무는 편이 오히려 낫다는 것을 이미 잘 알고 있는 것이다.

　그런데 이성, 정보만으로 가득 찬 지식, 유능함 같은 말에는 왠지 무언가가 빠진 듯하다. 어떤 사실에 대한 지식은 건조하고 따분하다. 그런 의미에서 직관이나 감정, 혹은 직감은 요리의 완성도를 높여 주는 양념이나 소금의 역할을 한다. 요리도 일종의 기술이요 예술이고, 그 기술을 습득하는 데에는 많은 시간과 창의성이 요구된다.

　자신의 감정을 신뢰하는 문제도 요리의 경우와 별반 다를 바 없다. 우리는 어떤 음식이 간이 제대로 되었는지, 혹은 너무 짠지 금세 알아챈다. 제아무리 최상의 신선도를 자랑하는 재료라 하더라도 소금이 너무 많이 들어가면 찡그린 표정이 나오게 마련이고 반대로 양념을 너무 아끼다 보면 심심해서 맛없는 음식이 탄생하고 만다. 감정을 격하게 분출시키는 사람을 보면 왠지 모를 불안감이 느껴져서 그 사람을 멀리하게 되고, 반대로 감정을 좀체 드러내지 않는 사람을 보면 차갑고 냉정하다는 인상을 받게 되는 것과 같은 이치이다.

감정만을 앞세우는 사람은 진정한 자유를 느끼지 못하고 마음이 주는 혜안을 이용하지 못한다. 그런가 하면 오로지 이성에만 의지하는 사람, 감정 따위는 우습고 유치한 것으로 치부하는 사람은 삶에 있어 가장 중요한 것들을 놓치고 살아간다.

'이성이 병들거든 감정이 침상을 지켜야 한다'는 말이 있다. 이성이 병들었다는 말은 정도가 지나친 상태를 뜻한다. 효용성이나 근거만 내세우는 주장과 과학적 증명, 철저한 계산에 따른 지능적 행동 등으로 삶의 모든 희로애락을 예측하고 정복할 수 있다고 생각한다면 그 이성이야말로 중병에 걸린 것이다.

이미 알려진 바와 같이 우리의 뇌는 평생 무언가를 배울 수 있는 능력을 지니고 있다. 우리 모두는 감정과 이성을 잘 조절함으로써 두뇌를 진정 인간적인 두뇌로 발전시키기를 염원한다.

- 어떻게 하면 우리의 삶을 진정한(authentic) 것으로 느낄 수 있을까?
- 어떻게 해야 자기 자신, 나아가 타인과의 관계가 조화롭다는 느낌을 받을 수 있을까?
- 어떻게 하면 '나만 손해 보는 것은 아닐까' 하는 의심과 두려움을 떨쳐 버릴 수 있을까?
- 파우스트가 "멈추어라, 너는 정말로 아름답구나!"라고 말했을 만큼 행복한 순간은 어떻게 만들어지는 것일까?

환희의 순간은 느낌으로 알 수 있는 것이지, 측정하거나 예측하거나 증명할 수 있는 것이 아니다. 그리고 직감에 대한 믿음, 자신에 대한 믿음을 지니려면 우선 열린 마음으로 자기 자신을 관찰할 용기를 지녀야 한다. 때로는 내 안에 어떤 느낌이 드는지 차분히 '느껴 보고' 직감의 발자취를 따라가 봐야 한다.

'직감을 따라간다'는 말은 '시간을 가진다'라는 말과 같다. 인생의 가장 가치 있는 것들이 표면적인 것에, 혹은 속도 전쟁에 밀려 버리는 경우가 많다. 시간은 가장 귀중한 가치들을 실천에 옮기는 데에 있어 빠져서는 안 될 요소이다. 가족을 위해 아침상을 차리거나 오래 전부터 보고 싶었던 영화를 보는 행위에는 각기 다른 길이의 시간이 소요된다. 예컨대 강연을 준비할 때보다 책 한 권을 집필할 때 훨씬 더 긴 시간이 걸린다. 걸리는 시간만 다를뿐 어쨌든 가치를 실현시키는 데에는 '시간'이 필요하다.

가치실현뿐 아니라 아이디어를 실천에 옮기는 데에도 시간이 필요하다. 실천에 옮기지 않는 아이디어 위에는 잡초만 무성히 자랄 뿐이다. 국적, 나이, 지위를 불문하고 모든 사람의 내면에는 다양한 아이디어가 잠자고 있다. 꾸벅꾸벅 졸고 있는 잠재력을 깨우는 일은 인생의 다양한 과제 중에서도 꽤 가치 있는 과제임에 틀림없다. 그 잠재력은 긍정적 생각이 아니라 긍정적 인생관에 관계된 힘이다. '긍정적 사고'와 '긍정적 인생관'의 차이는 크다. 불행이나 불운은 긍정적 생각이 부족해서 닥치는 것이 아니다. 지능이 떨어져서 불행한 일을 당하는 것은 더더욱 아니다. 기쁨과 슬픔, 환희와 고통, 그 모두가 인생의 일부이다.

그런데 소위 '인생의 부정적 단면'이라는 것들을 단순히 긍정적 사고만으로 잠재울 수는 없다. 반면 긍정적 인생관을 지닌 사람은 자기 마음에 안 드는 일이라 해서 억지로 밀쳐내지 않는다. 긍정적 인생관은 유쾌하고 여유로운 마음으로 장애물을 행복으로 둔갑시키는 힘이다.

삶이란 무엇인가?

삶은 누구나에게 주어진 선물이다. 그러나 실제로 삶을 선물이라 느끼는 것은 각자 생각하기에 달려 있다. 삶이라는 선물을 차지하는 일은 우리가 평생 노력으로 풀어야할 과제요 도전이다. 화창한 날이 지나고 눈비 내리는 때가 오면 삶이 선물이라는 확신은 혹독한 시험대 위에 오른다. 그러나 영혼의 저항력, 즉 복원력(resilience)은 '그럼에도 불구하고' 삶의 애인이 될 수 있는 능력 위에 자라나는 힘이다.

빅터 E. 프랭클은 복원력 연구 분야에서 자주 인용되는 인물이다. 특히 그가 아우슈비츠에서 살아남은 과정은 수없이 인용되고 있다. 다음에 인용된 프랭클의 말은 삶의 의미에 관한 질문에 대해 한 가지 답변을 제시한다.

일생이 한 가지 성공에서 다음 성공으로 이어지는 행보라고 생각하는 사람은, 공사현장을 지나면서 '대성당을 높이 쌓아올리겠다더니 왜 오히려 땅을 더 깊게 파고 있지? 라며 의아해 하는 바보와 같다. 신(神)은 모든 사람의 영혼으로부터 저마다의 사원을 쌓아올린다. 삶은 삶 자체로 구축되는 것이다. 바흐를 비롯한 그 시대의 사람들이 믿었던 것처럼 삶의 의미가 신에 있는 것일 수도 있다. 어쨌든 그것만으로도 나는 충분한 의미가 된다고 생각한다.

－L. 레데만,『살아남는 기술(Überlebenskunst)』중에서

　삶을 누리는 사람이 되고 싶다면 삶의 가치가 삶 자체에서 비롯된다는 생각부터 지녀야 한다. 일반적으로 기술이 지닌 가치는 그 기술의 기능성과 예측가능성 그리고 계획가능성으로 평가된다. 그리고 기술은 전문성도 매우 중시된다. 그러나 인간을 기능성의 관점에만 국한해서 바라보면 그 사람을 총체적으로 판단할 수 없다. 기계적 차원, 즉 인간이 수행하는 기능 면에서만 그 사람을 판단할 수 있다면 인간과 컴퓨터에 무슨 차이가 있겠는가? 컴퓨터는 인격이라는 것을 지니고 있지 않고 단순히 기계적 차원에서 업무만 처리할 뿐이다. 물론 사람이 컴퓨터처럼 기능할 때도 없지는 않다.

　하지만 인간은 컴퓨터보다는 훨씬 더 큰 무언가를 의미한다. 이를 테면 컴퓨터가 용기와 신뢰를 심어 주지는 못한다. 나아가 살아 있다는 느낌은 감각과 감정에서 비롯되는 것이

고, 그러한 감각과 감정은 우리가 모든 것을 잃었을 때에도 끝까지 우리 곁을 지켜 준다.

네가 얼마나 부자인지 아무도 몰라……

유가증권이나 고급 빌라,

멋진 자동차나 피아노,

그 외에도 값비싼 물건들이 많지만

내가 말하는 부유함은 그런 것들과는 상관이 없어.

눈에 보이는 부유함,

세금이 매겨지는 부유함,

그런 것들을 가지라고 충고하는 게 아니야.

숫자로 따질 수 없는 가치들이 있지,

그 가치는 루트 공식을 동원한다 하더라도 셈할 수 없어.

그 어떤 도둑도 내가 말하는 부유함은 훔쳐갈 수 없어.

이를 테면 참을성이 그런 보물이지.

유머나 따뜻한 마음,

그리고 그 외의 다양한 감정들도 모두 다 보물이야.

우리 가슴은 넓디넓어,

마치 요술봉지 같기도 해.

어떤 사람이 가난한 사람인지 알아?

그것은 바로 감정이 얼마나 큰 재산인지를 잊어버리는 사
람이야.

네 얼굴 속까지 들여다보는 사람은 아무도 없어.

네가 얼마나 부자인지 알 수도 없어……

(때로는 제 자신조차 그걸 모른다니까.)

― 에리히 캐스트너[1]

―――――――――

1) aus Doktor Erich Kästners lyrische Hausapotheke, © Atrium Verlag, Zürich, und
   Thomas Kästner.

내 자신과 내 삶의 애인이 되자

삶은 우리에게 질문을 제시한다

삶의 애인이 되라는 말은 왠지 너무 감상에 치우친 듯하다. 게다가 '삶'의 개념을 제대로 파악하지 않는 이상, 절대로 실천할 수 없는 것이기도 하다. 만약 탁자에 둘러앉은 다양한 사람들에게 삶의 정의에 대해 물어본다면 사람 수만큼이나 다양한 답변이 나올 것이며, 그 중 틀린 대답은 아마 하나도 없을 것이다. 개중에는 태어나서 죽기까지의 시간으로 삶을 설명하는 이도 있을 테고, '삶'이라는 말을 듣자마자 우리가 살고 있는 푸른 행성에만 존재한다는 유기적 생명체를 떠올리는 이도 있을 것이다. 아마도 무리 중 한 명은 생물학적 관점뿐 아니라 다양한 관점에서 삶을 끌어안아야 한다고 주장할 것이다.

그러면 모든 것을 이성적으로 따져야 직성이 풀리는 한 사람이 "삶을 다양한 관점에서 끌어안는다는 게 무슨 뜻이죠? 이를 테면 내가 아내를 껴안을 수는 있어요. 그러면 아내의 몸이 내 몸과 맞닿겠죠? 내가 아는 한, 끌어안는다는 건 바로 그런 거예요"라며 이의를 제기한다. 그러자 구석에 앉아서 지금까지 경청만 하던, 감정을 매우 중시하는 한 사람은 "삶은 영혼과 몸, 정신이 한데 어울려 형성되는 총체적인 거예요. 우리 존재는 우리의 몸만으로 구성된 건 아니잖아요?"라며 그 사람의 의견에 맞선다. 삶에 관해 또 어떤 정의가 있을까? 아마도 마침표를 찍지 못할 만큼 무궁무진한 답변이 이어질 것이다.

나는 '삶의 연인이 된다'는 말이 과거를 이겨 내고 죽음까지도 극복하는 것이라 생각한다. 삶은 육체가 아닌 정신에 근원을 두고 있는 신성한 것이기 때문이다.

누구나 한번쯤은 무언가를 이겨 내고 극복하기 위해 정신력을 그러모아 본 경험이 있을 것이다. 거기에 필요한 에너지를 충전하는 방법이 저마다 다를 뿐이다. 어떤 이는 조깅을 통해 힘을 얻고 어떤 이는 명상을 더 선호한다. 좋아하는 음악을 감상하며 에너지를 충전하는 부류도 있고 수다를 떨며 다시 쌩쌩해지는 사람도 있다. 중요한 것은 수많은 방법 중 단 한 가지 길만이 최선이라 고집하지 않는 것이다.

우리가 삶에 대해 어떤 것을 기대하는지가 중요한 게 아니다. 삶이 우리에게 무엇을 바라는지를 먼저 생각해야 한다! 빅터 E. 프랭클은 이러한 생각을 『죽음의 수용소에서』를 통해 피력했고, 이를 통해 우리에게 한 가지 중대한 착각에 대해 다시금 생각해 보게끔 만들었다. 남이 내게 빚진 것이 무엇인지는 정확히 알면서 정작 내가 내 자신과 내 삶에 대해 어떤 빚을 지고 있는지는 간과하는 이들이 많다. 삶이 매일, 매시간 질문을 던지는 대상은 바로 우리 자신이다. 거기에 대해 우리는 생각이나 말이 아닌 행동으로 올바른 답변을 찾아내야 한다.

때로 삶은 우리에게 귓속말로 질문을 던진다. 그리고 그 순간은 마치 별똥별처럼 눈 깜짝할 사이에 지나간다. 밤하늘에 언뜻 빛이 비치는 듯하더니 다음 순간 이내 사라지고 마는 것이다. 우리는 살아가면서 '머릿속의 별똥별'을 자주 경험한다. 운전 중에, 숙제를 할 때, 버스를 기다릴 때, 오늘 처리해야 할 일들에 대해 생각할 때 불현듯 어떤 아이디어가 번득하며 스쳐간 적이 없는가?

내 경우를 말하자면, 열심히 글을 쓰는 도중에 갑자기 어떤 책이나 어떤 노래가 떠오르는 적이 허다하다. 예전에는 그런 잡생각이 귀찮았고 얼른 다시 제정신으로 돌아와야 한다며 생각을 다잡았다. 일할 때엔 일에만 집중하고 책이나 노래에 대해서는 나중에 다시 생각하는 것이 좋다고 여겼던 것이다. 하지만 그 결과는 그다지 좋지 않았다. 집중력이 이미 떨어진 상태이니 글이 제대로 써질 리가 없었다. 그러다가 어느 시점부터 나는 어차피 한 가지 일에만 고집스럽게 매달려 봤자 아이디어가 계속 샘솟는 것도 아니니 차라리 그때그때 떠오르는 책들을 잠시 훑어보는 것이 낫겠다고 생각했다. 그 결과는 어땠을까? 일하다 말고 잠시 딴 생각에 빠진 보람이 있었다! 생각을 다른 곳으로 돌릴 때마다 지금 하고 있던 일에 대한 건설적 영감이 떠오른 것이다.

직감은 실천으로 옮길 때 진가를 발휘한다. 모든 약속과 과제를 이성에 따라 꼼꼼히 점검하고 머릿속으로 열심히 계산을 해야 성공할 수 있다고 생각하는 사람이라면 문득문득 떠오르는 영감들이 귀찮기만 할 것이다. 그런데 직감은 그렇게 귀찮아하는 사람을 기다려 주지 않는다. 머릿속 영감은 떠오를 듯하다가 금세 사라져버리는 것이다.

한편 직감이 너무 큰소리로 질문을 해 와서 불편할 때도 있다. 프리츠라는 사람은 자기가 분명 휴대폰 벨소리를 '무음'으로 조정해 놓았다고 믿었다. 그래서 연주회가 시작되기 전, 휴대폰을 꺼 달라는 안내 멘트가 나올 때에도 전혀 신경을 쓰지 않았다. 그런데 2악장이 고요하게 울려 퍼질 무렵, 프리츠의 재킷 안주머니에서 힘찬 벨소리가 흘러나왔다. 삶이 특별히 프리츠를 위해 조금 더 큰 목소리로 질문을 던진 것이다. 하지만 삶이 늘 그렇게 큰소리로 질문을 해 오는 것은 아니다.

어떤 이들은 삶이 제시하는 모든 질문들이 풀리지 않는 수

수께끼라 생각한다. 내일이나 되어야 받을 질문에 대한 답변을 오늘 미리 찾기 때문에 모든 것을 수수께끼처럼 느끼는 것이다. 삶의 질문에 대한 답을 찾는 작업은 때로는 십자말풀이를 푸는 것과 같다. 열쇠글을 열심히 읽은 다음 세로 칸에 들어갈 낱말을 또박또박 적지만 그 답이 옳은지 아닌지는 나머지 칸들을 채운 다음에야 알 수 있는 것이다. 세로 칸과 가로 칸의 낱말이 서로 연결되고 딱 맞아떨어질 때 비로소 십자말풀이가 완성된다. 삶도 이와 유사하다. 우리가 믿어 주기만 하면 여러 칸들이 딱 맞아떨어져 준다.

모든 것이 순응하고 충족될 것이다,
다만 기다릴 수 있어야 한다.
네 행복이 무르익어 갈 수 있도록
충분한 시간과 들판을 확보해야 한다.
훗날 언젠가
알곡이 무르익는 향기를 맡을 때까지,
그리하여 어느 날 일어나 추수한 것을
깊은 창고로 가져갈 때까지.

– 크리스티안 모르겐슈테른

☕ 자 기 삶 의 주 인 이 되 는 5 분 명 상

머릿속 생각은 현실로 옮겨야 한다,

그렇지 않으면 그 위에 잡초만 무성히 자랄 뿐이다.

– 장 파울

* 갑자기 떠오르는 생각들을 메모해 두자.

* 지금부터 2분간 생각의 발자취를 따라가 보자. 이로써 나는 내 머

   릿속에 떠오를 아이디어들에게 기회를 주는 것이다.

* 나는 나를 믿고 내 생각을 실천에 옮길 것이다.

소중한 삶

우리는 지금까지 늘 적극적으로 행동하고, 계획을 세우고, 그 계획을 밀어붙이도록 배워 왔고, 그렇기 때문에 무언가를 기다리면서 기대하는 능력을 좀체 발휘하지 못한다. 한번 세운 계획을 필사적으로 완수하려는 노력이 평생을 간다해도 과언이 아니다. 어떤 수단과 방법을 통해서라도, 어떤 대가를 치르고서라도 자기가 세운 계획을 달성하고야 말겠다는 모습은 어쩌면 우리 모두의 자화상일지도 모른다. 하지만 결과는 그다지 만족스럽지 못하지 않은가.

언젠가 위기를 겪었을 때 '삶을 소중히 여겨라!' 라는 메시지가 담긴 카드를 한 통 받은 적이 있다. 카드를 펼친 순간, 이런 생각이 들었다.

'삶을 소중히 여기라고? 어떻게 하면 삶을 소중히 여길 수 있지? 삶한테 꽃다발을 선물해야 하나? 아니면 식사 초대라도 해야 할까? 아니, 삶이란 놈을 한번 껴안아 볼까? 휴, 삶이 대체 뭐지?'

눈에 보이지도 손에 잡히지도 않지만 삶은 분명 존재한다. 기쁠 때나 슬플 때면 삶이란 것이 더더욱 분명히 '느껴진다.' 본디 살아 있다는 느낌은 환희나 고통 속에서 더 뚜렷해지는 법이니까.

우리가 웃거나 울 때, 분명 무언가가 꿈틀거린다. 설명할 수도 없고 증명할 수는 없지만, 게다가 눈에 보이지도 않지만 내면의 활기를 분명하게 느낄 수 있다. 환희나 고통을 느낄 때 삶의 확실성을 감지할 수 있다. 여기에서 말하는 '확실성'이란 우리의 모든 바람이 충족되고 계획한 바가 모두 이루어지는 것을 뜻하는 것이 아니다. 물론 사람이라면 누구나 안정과 영속성, 불멸과 공유 등의 가치를 추구하지만 끝까지 우리 곁을 떠나지 않는 것은 모든 것이 변한다는 진실뿐이다.

삶의 확실성은 안정과 무관하다. 삶에는 안정이란 것이 존재하지 않는다. 이러한 사실을 에리히 캐스트너는 이미 잘 알고 있었다. 그는 '더 나아질까요, 더 나빠질까요, 해가 바뀔 때마다 사람들은 물어보지요. 그러나 솔직히 말하자면 삶은 늘 치명적인 것이지요'라고 노래했다.

그렇다면 혹 삶을 소중히 여긴다는 말이 거친 모험을 즐기라는 말은 아닐까? 물론 모험을 즐긴답시고 로프를 몸에 감고 다리에서 뛰어내리거나 폭주족이 되라는 말은 아닐 것이다.

거친 모험 같은 삶이란 사회 속에서 자신의 감정을 마음껏 표현할 용기, 무언가에 놀랐을 때 당혹감을 굳이 감추지 않을 용기를 지니라는 뜻이다. 나아가 활기 넘치는 아이디어들의 도전에 과감히 맞서라는 뜻이다.

분야나 계층을 막론하고 많은 이들이 자신은 행복해질 권리가 있다고 믿는다. 하지만 그들 중 대부분은 행복과 기쁨을 혼동한다. 행복이라는 사냥감을 헐레벌떡 뒤쫓으면서 정작 행복이 무엇인지도 모르는 이들도 많다. 그들은 이른바 '조건부 철학' 속에 살고 있는 것이다. 그들은 "저 차를 가질 수만 있다면 얼마나 행복할까?", "남태평양에서 피서를 즐길 수만 있다면 얼마나 좋을까?"라고 말한다. 개중에는 실제로 남태평양에서 휴가를 즐기면서도 그 속에서 행복을 찾지 못하는 이들이 많다.

사실 행복을 누릴 수 있는 권리 따위는 존재하지 않는다. 삶의 확실성과 기쁨을 누릴 수 있는 권리만이 존재할 따름이다. 삶의 확실성에 오만함이 끼어들 자리는 없다. 불행을 겪지 않기 위해서 구체적으로 어떤 행동을 해야 하는지를 분명히 아는 가운데 확고부동의 의지와 담담함으로 행동하는 것이 바로 삶의 확실성을 느끼는 길이다.

예컨대 우리는 '똑바로' 살기만 하면 코감기나 독감, 질병이

나 사고, 기타 불행한 일들이 우리를 덮치지 않을 것이라는 메시지가 담긴 광고들을 하루도 빠짐없이 접한다. 여기에서 '똑바로 산다' 는 말은 질병에 걸리거나 실직을 하거나 무엇보다 불행해지지 않으려면 무슨 행동을 해야 하는지를 분명히 아는 것이다. 하지만 이러한 가치관은 실제 삶과는 동떨어져 있다. 아무리 이런 식으로 정신무장을 해도 삶은 수시로 우리 앞에 장애물을 설치하기 때문이다.

감정을 무시하는
헛똑똑이는 되지 마라

많은 이들이 자신에게 닥친 불행이 자기가 저지른 어떤 죄에 대한 대가라고 믿는 경향을 지니고 있다. 그러나 죄를 지었다고 반드시 벌을 받는 것은 아니고 '똑바로' 살았다고 해서 반드시 행복해진다는 보장도 없다. 삶은 우리에게 상을 내리지도 벌을 가하지도 않는다. 그럼에도 불구하고 불행을 겪는 이유가 이전에 저지른 실수 때문이라는 불문율이 너무도 오랫동안 우리 사회를 지배해 왔다.

평생 단 한 건의 실수도 저지르지 않은 이는 지금까지 아무도 없었다. 중요한 것은 어떤 사건을 실수로 보는가 그렇지 않은가 하는 시각, 즉 삶을 바라보는 시각이다. 살다 보면 때로는 싫지만 해야 하는 일도 있다. 밤과 낮이 번갈아 나타나듯 즐거움과 괴로움도 살아가는 내내 주기적으로 순환한다. 기술의 발달 덕분에 지금은 밤과 낮의 구분이 많이 흐려졌지만 주위가 밝든 어둡든 간에 인간은 누구나 잠과 휴식을 필요로 한다. 쉬지 않고 일할 수 있는 이는 아무도 없다. 그런 의미에서 볼 때 '인간'이라는 말 속에 이미 '유한한 존재'라는 뜻이 내포되어 있다고 할 수 있겠다.

빅터 E. 프랭클은 『의료상담. 로고테라피와 실존분석의 기초(Ärtzliche Seelsorge. Grundlagen der Logotherapie und Existenzanalyse)』에서 "실존분석 분야는 혁명적이고 이단아적인 걸음을 과감히 내딛어야 했다. 인간의 능력 중 무언가를 달성하거나 향유하는 능력만을 목표로 삼는 것으로는 부족했다. 거기에서 더 나아가 사랑하고 고통 받는 능력까지도 원칙적으로 인간이 수행할 수 있는 과제, 반드시 필요한 과제로 간주해야만 했다."라고 말했다.

위의 말 중 '고통스러운 경험을 극복하는 것 역시 인간이 수행할 수 있는 과제, 반드시 필요한 과제'라는 말에 특히 주목할 필요가 있다. 경험은 우리에게 많은 것을 가르쳐 준다. 우리는 경험을 통해 어떤 운명적인 사건이 잘못에 대한 처벌이 아니라는 것을 느끼게 된다. 우리는 고통을 통해 지평이 넓어짐을 알아야 한다. 고통을 받아들이고 경험하다 보면 내 삶이 내 마음대로 움직여 주지 않는다는 것을 깨닫게 된다.

때로는 아무것도 못하고 무기력해지는 것만이 유일한 길일 때도 있을 것이다. 그럴 때 우리를 둘러싼 현실은 고통과 상실감, 죽음에 대해 아무것도 알지 못한다는 것이다. 사람들은 다만 고통과 상실과 죽음이라는 주제를 각종 수단과 전략으로 머릿속에서 떨쳐내려 노력할 뿐이다.

삶의 기쁨을 향유할 수 있는 능력은 무언가를 억지로 기억 속에서 지우는 것과는 무관하다. 남들한테 좋은 것이 무엇인지를 아는 이는 많다. 하지만 자기 자신에게 좋은 것이 무엇인지를 감지하는 이는 많지 않다. 독자들은 어떨까? 자신한테 어떤 것이 좋은 것인지 알고 있다고 자신 있게 말할 수 있는 독자들이 과연 많을까? 마지막으로 기뻐한 게 언제였는지 한 번 기억해 보기 바란다.

내면의 기쁨이나 살아 있다는 느낌은 이성으로는 설명할 수 없다. 그저 느낄 수 있을 뿐이다. 감각은 인생이 우리에게 준 선물 중에서도 가장 값진 것이다. 지금 이 순간, 내가 느끼는 바는 나 혼자만의 고유한, 유일한 것이다. 지식은 비교할 수 있고 측정할 수도 있다. 그러한 지식 분야에서 고유하고 유일한 존재가 될 수 있는 기회는 거의 없다. 반면, 더 많이 배우고 익힐수록 지식에만 의존하고 감각으로부터는 멀어질 위험이 발생한다. 어떤 일이나 자신의 행동에 대해 분명히 알고 있다는 확신이 강하면 강할수록, 그리고 남의 시선을 의식하면 할

수록 감각과 느낌으로부터는 멀어지고 만다.

　요즘 시대의 가장 큰 문제는 전문 분야의 지식이 심화되지는 않은 채 전문가의 숫자만 늘어나고 있다는 것이다. 빅터 E. 프랭클은 현대 정보사회의 지나친 발달이 야기한 문제를 정확히 꼬집은 바 있다. 기술로 점철된 오늘날의 세계는 전문가들에 의해 지배당하고 있다. 물론 기술이 우리 삶에 제공한 수많은 편의를 무시할 수는 없다. 요즘 젊은 세대 중에는 세탁기 없이 빨래를 하는 일이 얼마나 힘들었는지조차 모르는 이들도 많다. 그럼에도 불구하고 전문화로 인한 부작용은 우려를 사기에 충분하다. 전문가들이 기술과 경제뿐 아니라 전쟁까지 이끌고 있기 때문이다.

　많은 전문가들이 감정은 완전히 배제한 채, 나아가 인간의 건강한 이성조차 상실한 채 오로지 지식으로만 가득 찬 머리에만 의존하고 있다는 것이 문제이다. 그러다 보면 지식을 모든 것에 우선하는 것으로 여기는 우를 범하기 쉽다. 그러나 양심이 동반되지 않은 지식은 전 세계적으로 광기만 양산할 뿐이다. 물론 그 광기는 '문명'이나 '진보'라는 말로 포장된다. 뛰어난 전문가들 중 '인간적 두뇌'를 지닌 이는 극소수에 불과하다. 교육계는 점점 더 많은 이들을 전문가로 양성하고 있다. 다시 말해 '지식만 많이 가진 멍청이'들을 양산하고 있는 것이다.

멍청한 지식에는 앞날을 내다보는 혜안과 미래를 예측하는 가운데 실천하는 행동력이 결여되어 있다. 게다가 아는 것만 많은 '헛똑똑이'들은 쌓여가는 지식에 너무도 기뻐한 나머지, 거시적인 안목과 감정이입 능력, 동정심, 존경심, 인내심, 책임감 등에 대한 이해력을 완전히 상실해 버리기까지 한다. 우리 사회에 점점 더 많은 전문가들, 점점 더 많은 '지식층 멍청이'들이 양산될수록 감각과 인지력, 개인적 견해를 피력할 용기 등이 사라지고 말 위험에 노출된다.

그러한 사회적 분위기에 맞서자면 때로는 '시민적 용기'를 발휘해야 한다. 요즘은 시대의 트렌드를 무시한 채 내 자신의 의견을 솔직하게 드러냈다가는 순식간에 멍청이로 낙인찍히기 십상이다. 하지만 최대한 많은 정보에 도통해야 하고, 어떤 얘기에든 동참할 수 있어야 하며, 무언가를 몰라서 창피 당하는 일을 피해야 한다는 강박관념은 사회 구성원들의 공생에 악영향만 끼칠 뿐이다. 작금의 분위기가 전문가가 아닌 이들로 하여금 옳은 말조차 하지 못하도록 입을 틀어막고 소심해지게 만들며 겁까지 주고 있기 때문이다.

실제로 전문가들은 수많은 행동이론들을 제기하며 우리 사회의 분위기를 바꿔 놓았다. 실례로, 칭찬과 인정의 말이 동기 부여에 커다란 도움이 된다는 이론이 제시되자 수많은 이들이 거기에 매달렸다. 모두들 보상받고, 인정받고, 축하받기 위해서라면 감정의 문을 기꺼이 닫아 버리는 시대가 도래하고 말았다. 게다가 많은 이들이 '인정'이라는 개념 자체를 오해하면서 인정에 대한 갈망은 어떠한 면역주사로도 걷잡을 수 없는 열병이 되어 버리고 말았다.

☕ 자기 삶의 주인이 되는 5분 명상

눈이 태양과 같은 것이 아니라면 우리가 어떻게 빛을 볼 수 있을까?

우리 안에 신의 고유한 힘이 내재되어 있지 않다면

우리가 어떻게 신적인 것을 보며 기뻐할 수 있을까?

– 요한 볼프강 폰 괴테

• 기쁨이 가득했던 순간을 기억해 보자.

• 위에 인용된 괴테의 말을 다시 한 번 조용히 감상한 다음, 그것이 자신에게 어떤 의미를 지니는지에 대해 생각해 보자.

'인정받음'에 대한 오해

우리 사회에 만연한 스트레스 요인 중 하나는 '보상(reward)이 최고의 동기부여이다'라는 생각이다. 그 말이 맞는다면 보상만 해 주면 신나게 춤추는 꼭두각시와 인간의 차이는 어디에 있겠는가! 과연 인간은 존재 자체에 대한 기쁨이나 애정 때문에 타인이나 어떤 일에 대해 관심을 가질 수는 없는 존재일까? 얻는 것이 없어도 자기가 보기에 올바른 일이라면 기꺼이 열성을 받치는 사람들도 많지 않을까? 보상이 아니라 격려(encouragement)에서 더 큰 힘을 얻는 이들도 많지 않을까?

격려는 보상과는 근본적으로 다른 개념이다. 둘 다 친절한 마음에 근거를 두고 있기에 언뜻 보면 별 차이가 없어 보이기도 한다. 둘 사이의 차이는 시점과 효력에 있다. 보상은 대개 무언가를 잘 해냈을 때, 큰 것이든 작은 것이든 간에 무언가를 달성했을 때 주어지는 것이고 격려는 무언가에 실패했을 때 주어지는 것이다. 어떤 행동을 하면서 늘 보상을 기대하는 사람은 상대하기가 까다롭다. 무엇보다 그 사람들은 무엇을 하든 잘해야 한다는 압박감에 시달리기 때문이다. 그러다가 어느 시점이 되면 그냥 잘하는 것만으로는 만족하지 못하고 완벽주의에 집착한다. 완벽주의라는 덫은 인정에 대한 갈망, 인정에 대한 집착이라는 미끼로 희생자를 덥석 물어 버린다.

삶이 지닌 확실성과 격려는 주어진 상황에 순응하며 업무를 훌륭히 처리했을 때 필요한 것이 아니다. 오히려 무언가에 실패했을 때 격려가 더더욱 필요하고, 위기에 처했을 때일수록 삶의 확실성과 내적 버팀목을 느끼고 싶어 한다.

신체적, 정신적 고통을 느낄 수 있는 사람이라면 누구나 삶의 확실성을 감지할 수 있다. 고통을 받아들이는 과정에서 우리는 그 순간의 절망감과 좌절을 뼈저리게 느낀다. 그럼에도 불구하고 우리는 인생이 그 순간의 신체적, 정신적 고통보다는 훨씬 더 많은 것을 내포하고 있다는 것을 어렴풋이 깨닫는다. 그러면서 어서 그 고통이 지나가기를 고대한다. 인생이 고통만으로 가득한 것이 아니라는 생각 속에는 외적인 상황과는 무관한 내적 확실성이 담겨 있다. 어려운 시간을 이겨 낸 경험만큼 자신감을 강화시켜 주는 것도 없다. 우리가 가끔은 지나간 시간 속에서 위안을 찾는 것도 바로 그 때문이다. 프랭클의 이러한 생각은 각자 자신의 생활이력을 정리하고 삶의 확실성을 발견하도록 고무시켜 준다.

본 장의 주제에 딱 들어맞는, 삶을 긍정적 시각으로 바라보는 영화가 한 편 있다. 케이 폴락 감독의 「애즈 잇 이즈 인 헤븐(As It Is in Heaven)」*이란 영화인데, 줄거리는 다음과 같다. 어느 성공한 지휘자가 심장마비를 극복한 후 자그마한 고향 마을로 돌아가서 정착한다. 그는 그곳에서 소규모 교회 성가대를 이끌면서 성가대원 한 명 한 명이 자기만의 고유한 소리를 찾도록 만드는 데에 열과 성을 바친다. 그러면서 어느 젊은 여성을 위해 노래를 하나 작곡한다. 노래 가사는 아래와 같다.

> 내게 주어진 매일 매일,
> 내가 원하는 대로 살기 원하네.
> 내가 살아 있다는 걸 느끼기 원하네.
> 내가 충분한 존재였다는 것을 알게 되기 원하네.

남들의 마음에 들어야 '나는 충분한 존재였다'고 말할 수 있는 것이 아니다. 인간이라는 존재로서 삶의 기쁨을 느낄 때, 다시 말해 삶의 확실성과 확고부동성을 느낄 때 비로소 '내 자신이 충분하다'고 말할 수 있다. 비록 약점투성이이고 부족한

---

* 한국에는 「애즈 잇 인 헤븐」이라는 제목으로 소개됨

점도 많지만 그럼에도 불구하고 삶의 시각에서 바라볼 때, 나는 '충분한 존재'라고 느껴야 하는 것이다. 그러한 충분성은 일단 한번 느끼고 나면 절대 그 사람을 떠나지 않는다. 어린 시절 우리는 존재의 충분성을 자주 느꼈다.

어린 시절에는 누구나의 마음속에 '있는 그대로의 내 모습으로 충분하고 세상에 태어났다는 것만으로도 충분하다!'는 생각이 잠재되어 있다. 엄마, 아빠, 할머니, 할아버지와 함께 있다는 것만으로 기뻤고 이웃이나 선생님을 마주치는 것만으로도 즐거웠던 시절이 있었다. 하지만 많은 이들이 거기에서 얻어지는 충분한 만족감에 의심을 품고 불안해하기 시작했다. '나는 충분한 존재였다'는 확신은 지식을 좔좔 읊을 수 있는 능력과는 무관하다. 충분한 존재라는 느낌은 자신과 자기 삶에 대한 믿음에서 비롯된다.

우리는 언제, 어디에서
삶을 느끼는가?

우리는 삶을 느끼고 있을까? 어떨 때 우리는 삶을 느낄까? 당연한 말이겠지만 이 질문에 대한 답변을 찾으려면 우선 답을 찾고 싶다는 마음부터 들어야 하고, 다음으로 거기에 대해 생각할 수 있는 이성을 지니고 있어야 한다. 사실 기쁨과 고통을 느끼는 행위 자체에는 이성이 필요치 않다.

매우 이성적인 사람들 중 몇몇은 이성으로는 도저히 어떻게 해 볼 수 없는 감정이 존재한다는 사실에 모욕감을 느낄 것이다. 그런 이들에게 이제 막 세상에 태어난 갓난아기를 보라고 하고 싶다. 이성적으로 생각할 능력은 없지만 감각은 분명 발달되어 있다. 아기들은 따뜻함이나 차가움, 배고픔 등을 느끼는 가운데 자신들이 살아 있다는 것을 적극적으로 표현한다. 의식은 성장하면서 점차적으로 발달된다. 그러나 인생의 최후를 맞을 무렵까지 우리 곁을 지키는 것은 이성이 아닌 감각이다.

이성이 감성보다 '발언권'이 적다는 것은 일상생활 속의 사소한 예에서도 알 수 있다. 예컨대 독감에 걸렸을 때 우리는 앓아누울 수밖에 없다. 이때, 고열에 시달리다 보면 책을 읽고 싶은 마음이나 음악을 듣고 싶은 욕구에도 한계가 오고, 남는 것은 오로지 감각뿐이다. 머리가 지끈지끈 아프고 온몸이 쑤실 듯이 아프지만 이성은 기껏해야 약을 먹으라는 명령밖에 내리지 못하고, 그 약이 통증을 한 방에 날려 버리지는 못한다. 그 어떤 약도 아무리 일을 하고 싶어도 자리를 보전하고 누워 있을 수밖에 없다는 사실을 순식간에 뒤집어 놓지는 못한다. 이 사례는 지그문트 프로이트 식으로 말하자면 이성이 '자기 집의 주인'이 아니라는 것을 분명히 보여 준다.

그렇다, 우리는 고통 속에서 삶을 느낀다. 하지만 삶이 고통의 연속이라는 생각은 삶을 전체적으로 이해하지 못하는 시각이다. 그렇다면 기쁨은 어디에서 느낄 수 있을까? 눈부신 겨울 햇살의 아름다움이나 여름 바다의 상쾌함은 이성의 명령으로 느껴지는 것이 아니다. 연주회나 연극을 볼 때의 기쁨, 즉 무대 위에서 벌어지는 일과 내가 하나가 되는 듯한 합일감은 계획에 따라 느껴지는 것이 아니다. 물론 미리 입장권을 구입하고 공연장까지 가는 방법을 정하는 등의 행위는 이성에 의해 행해지지만, 공연을 보고 감동하거나 좋아하거나 혹은 화를 내거나 하는 감정은 이성이 조절할 수 없는 영역이다.

얼마 전 누군가가 내게 책 한 권을 추천했다. 제목이 마음에 들었고 내용에 대한 호기심도 발동했다. 하지만 책을 읽어 나가는 동안, 글에 대한 실망감이 점점 더 커져만 갔다. 그래도 기왕 구입한 책이니 꾹 참고 다시 한 번 더 읽어 보려고 시도했지만, 결국에는 책을 덮어 버렸다. 예전 같았으면 분명 이성의 목소리가 더 많이 작용했을 것이다. 책의 내용을 과소평가하는 것은 오만함의 소산이요, 그 책이 시시하게 느껴지는 것은 열린 마음을 지니지 않았기 때문이라는 말들을 이성이 내 귓가에 속삭였을 것이다. 하지만 지금은 달라졌다. 책에 관해서라면 차라리 프란츠 카프카의 말에 귀가 더 솔깃해진다.

난 우리를 물어뜯거나 찌를 듯한 책만 읽어야 한다고 생각하네. 머리통을 한 방에 갈길 만한 책이 아니라면 대체 왜 읽어야 한단 말인가? 작가가 쓴 것을 보고 행복해지기 위해서일까? 나 원 참, 행복은 굳이 책이 없어도 느낄 수 있어. 정 급하면 날 행복하게 만들어 줄 책을 직접 쓰는 방법도 있고 말일세. 사실 우리한테 필요한 책은 우리로 하여금 고통을 느끼게 만드는 책이야. 우리가 우리 자신보다 더 소중히 여기는 사람의 죽음과 같은 불행, 모든 사람들로부터 멀리 떨어진 어느 숲에 추방당하는 것과 같은 불행, 자살과 같은 불행처럼 말이지. 책이란 모름지기 우리 안의 얼어붙은 바다를 깨어버릴 도끼 같은 것이라야 한다네.

– 프란츠 카프카, 「오스카 폴락에게 보내는 편지」,
1904년 1월 27일

'우리 안의 얼어붙은 바다'란 우리 안의 삶, 즉 날카로운 이성으로 인해 지식이라는 얼음층 밑에 고요히 가라앉아 버린 살아 있는 감각을 뜻한다. 그 감각을 얼마나 분명히 느낄 수 있는지는, 그리고 우리 안의 삶에 얼마나 자주 귀를 기울이는지는 유전자가 아니라 저마다의 교육 수준, 주변 환경, 살아온 이력 등에 의해 결정되는 것이다. 만약 몇 세대를 걸쳐 감정을 억누르는 훈련을 거듭한다면 나중에는 더 이상 억눌러야 할 것도 해방되어야 할 것도 없는 상태가 되고 말 것이다.

요즘은 아이들뿐 아니라 수많은 어른들도 지식의 권위를 잘못 이해한 탓에 고통 받는다. 지식에 대한 잘못된 이해는 호기심, 관심, 탐구욕의 상실로 이어진다. 우리 아이들이 원하는 것은 어른들이 말한 것을 앵무새처럼 그대로 따라하는 것이 아니다. 아이들의 탐구욕은 실로 무한하다. 어느 시점이 되면

알고 싶은 욕구를 포기해 버리는 것은 아이들이 아니라 바로 우리 어른들이다.

부모들은 대개 내 자녀는 나보다 더 잘되기를 바란다고 입버릇처럼 말하지만, 개중에는 '잘된다'의 의미가 무엇인지조차 모르는 이도 있다. 잘된다는 말은 공부를 적게 해도 되거나 난관을 피하는 전략을 배워야 하는 상태를 뜻하는 것이 아니다. 잘된다는 말은 문제에 대처하는 방법을 익히고 난관에 처했을 때 내 자신을 믿고 나를 도와 줄 사람이 있다는 사실을 깨닫는 것이다.

'달라지는' 것이 도저히 불가능하다는 이의를 제기하기에 앞서 우선 우리의 뇌가 평생 학습가능하다는 점부터 상기해 보는 것이 좋겠다.

빅터 E. 프랭클은 인간에 관해 이렇게 기록한 바 있다. "이 세상에 한 사람이 태어날 때마다 완전히 새로운 존재가 태어나는 것, 완전히 새로운 존재가 현실로 나타나는 것이다. 정신적 차원은 양도할 수 있는 것이 아니기 때문이다. 부모가 자식에게 심어 줄 수 있는 것도 아니다. 건물의 재료가 될 벽돌을 전달해 줄 수는 있어도 부모가 건축사 자체를 만들어 낼 수는 없다."(빅터 E. 프랭클, 『의료상담. 로고테라피와 실존분석의 기초

☕ 자기 삶의 주인이 되는 5분 명상

> 정해진 모습 이외의 다른 모습으로 바뀌지 않아야
>
> 인간이라는 존재가 되는 것은 절대 아니다.
>
> 언제든지 변화할 수 있어야 인간이라는 존재라는 뜻이다.
>
> – 빅터 E. 프랭클

- 나는 때로 '다른 모습'이 되기를 바라는가?
- 나는 어떨 때 '다른 모습'이 되기를 원하는가?
- '다른 모습'이 되어 보자. 그리고 그 시도를 내일로 미루지 말자.
- 가까운 사람들이 내 변화를 달갑지 않게 받아들인다면 조용히 웃으면서 "사실 이게 내 모습이야, 그 모습을 자주 보여 주지 않았을 뿐이지."라고 말해 보자.

삶을 건축하는 사람은 자기 자신이다. 나를 이 세상에 태어나게 해 주는 사람은 어머니이지만 어머니가 내게 삶을 선물해 주는 것은 아니다. 삶은 삶 자체가 우리에게 주는 선물이요 선의의 권력이나 신으로부터 주어지는 선물이다. 이쯤에서 '포근함'에 대해 한번 생각해 보자. 우리는 어떨 때 '꼭 집에 온 것 같아'라고 생각할까? 따스함과 포근함을 느낄 수 있는 곳, 그곳이 바로 고향이 아닐까?

> 본디 '고향'이라는 말은 어떤 닫힌 구조를 뜻하는 것이 아니다. 오히려 정반대이다. 열린 구조, 사람과 우주 사이의 가교, 익숙한 것으로부터 낯선 것으로 이끌어 주는 지침, 눈에 보이는 것을 보이지 않는 것으로 연결해 주는 고리, 이해할 수 있는 것을 비밀스러운 것으로 이어 주는 사슬, 구체적인 것을 일반적인 것으로 승화시키는 매개체가 바로 고향이다. 고향은 내가 하늘을 향할 때 내 발 아래를 견고하게 지탱해 주는 땅이다.
>
> — 바츨라프 하벨, 『세계화 시대의 도덕 (Moral in Zeiten der Globalisierung)』

바츨라프 하벨의 주장에 하나만 더 덧붙이자면 '고향'이라는 개념에는 유한성과 무한성 사이의 긴장감도 포함된다고 할 수 있겠다. 우리 모두의 마음속에는 어떤 식으로든 내적 긴장 감이 존재한다. 그 긴장감을 이겨 내고 그 긴장감 속에서 균형 을 찾는 것이 관건이다. 유한성이 삶의 전부라고 생각한다면 그 삶은 억눌릴 수밖에 없고, 모든 것을 있는 그대로 받아들이 는 사람은 운명의 노예가 될 수밖에 없다. 어떤 일이든 모두 다 운명의 소산이라 생각해 버리는 것이다.

그런가 하면 이와는 완전히 다른 방식의 삶도 있다. 즉 삶이 지닌 무한한 가능성을 절대시하는 것이다. 그런 삶에서는 배 워도 배워도 끝이 없을 만큼 무한한 지식들이 삶이라는 모니 터에 끊임없이 등장한다. 그들은 안타깝게도 인간이 만화 속 주인공과는 분명 다르다는 점을 간과하곤 한다. 인간은 모든 것을 다 받아들일 수 있을 만큼 무한한 존재가 아니다. 어느 시점이 되면 한계지점에 다다를 수밖에 없다.

아프면 아프다고 소리 지를 수밖에 없는 존재, 만화 주인공 들과는 달리 단 한 번의 삶밖에 없는 존재가 바로 인간이다. 그런데 평생 착륙 신호를 기다리며 선회만 할 뿐, 활주로에 바 퀴를 내리지 못하는 이들이 있다. 늘 최선의 방법을 모색만 하 는 이들이 바로 그들이다. 최상의 길을 찾느라 차상의 길마저 놓치는 게 바로 그들이다. 이들은 좀처럼 만족이란 걸 못 느낀다. 늘 최상의 길만 찾다 보면 매사에 의심을 품고 두려움을 지니게 마련이다. 우리 삶에 있어 무언가를 잃을 것에 대한 두려움 다음으로 위력을 떨치는 것이 바로 실수를 저지를 것에 대한 두려움이다. 완벽주의자인 애인 앞에서는 아무리 노력해도 나는 부족한 존재일 수밖에 없고, 늘 '더 나은' 남편들에게만 눈길을 돌리는 아내에게는 만족스러운 남편이 있을 수 없다. 늘 새로운 것만 갈망하고 새로운 것 속에서만 행복을 찾는 사람이라면 삶에 대한 믿음과 삶의 확실성 속에서는 그 어떤 내적 버팀목도 찾을 수 없다.

우리는 각자 자기 삶의 건축사로서 건물을 지어야 하고, 그 건물에 대한 책임도 스스로 져야 한다. 각자에게 주어진 벽돌로 어떤 건물을 지을지, 그 벽돌을 어떤 식으로 이용할지는 저마다 알아서 결정할 일이다. 행복한 순간을 어떻게 받아들여야 삶의 애인이 될 수 있을까? 생활 속에서 일어나는 불쾌한 경험들을 어떻게 받아들여야 짜증과 심술이 버릇이나 성격으로 발전하지 않을까? 삶 속에서 죄책감과 고통, 죽음이라는 세 가지 비극을 어떻게 받아들이는 것이 옳을까?

삶 속에는 나도 모르는 채 내 주위를 늘 떠나지 않는 것들이 몇 가지 있다. 이를테면 호흡이 거기에 속한다. 단 한 순간도 숨을 멈추지 않지만 숨 쉬는 것에 대해 끊임없이 신경을 기울이는 것은 아니다. 그냥 나도 모르게 쉬어지는 것이다. 때로 누구의 방해도 받지 않는 조용한 곳에서 정신을 집중하고 들숨과 날숨을 반복하며 호흡에 대해 명상을 할 때가 있다. 하지만 명상의 시간이 지나면 호흡에 대해 금세 다시 무신경해지고 만다. 거기에 계속 신경을 쓰기에는 신경을 써야 할 다른 일들이 너무도 많다.

굳이 마음을 쓰지 않아도 숨을 들이쉬고 내쉬는 만큼 당연하고도 자연스러운 것이 바로 우리의 감정이다. 감정은 우리 삶 속에 잠자고 있는 활력이다. 감정의 소리가 숨소리보다 더 작아서 아예 들리지 않을 때도 있다. 지금 당장 처리해야 할 일이 있거나 어떤 구체적인 계획에 몰두해 있을 때에는 감정의 소리, 즉 삶의 소리에 귀 기울일 여유는 없다.

바쁠 때라면 호흡이나 감정에 신경 쓸 여유가 더더욱 생길 리 없다. 예를 들어 특별한 사람의 생일파티를 준비할 때에는 겉으로 보이는 것들에 온 정신을 다 빼앗기기 때문에 보다 본질적인 것에 집중할 틈이 없는 것과 마찬가지이다. 여기에서 말하는 '본질적인 것'이란 진정 내가 소중히 여기는 사람이나 일 혹은 자기 자신의 내면을 뜻한다.

날카로운 이성은 늘 큰 목소리를 내는 화려함에 시선을 집중하지만 마음의 혜안은 눈에 보이지 않는 고요한 삶의 단면에 눈길을 돌린다.

'더 빨리, 더 높이, 더 강하게' 만이 중시되는 요즘 세상에 있어 자기 안의 감각이나 감정에 대한 확신이 설 자리는 점점 더 좁아지고 있다. 사실 우리의 눈과 귀는 어떤 스포츠 시합에 있어 승패를 좌우할 만한, 100분의 1초도 되지 않는 짧은 순간을 따라잡지 못한다. 그 순간이 얼마나 아슬아슬했는지는 느린 그림을 봐도 판별할 수 있을까 말까 하다. 그런데 우리의 감각이나 예민함을 보여 주는 여유는 어디에도 존재하지 않는다. 그러나 그럼에도 불구하고 감각과 예민함은 숨 쉬는 것만큼이나 우리가 살아가는 내내 우리 곁을 맴돈다.

에리히 캐스트너는 "우리 양심은 늘 올바른 길을 걸어가지만 우리가 때로 그릇된 길을 갈 뿐"이라 말했다. 그레테라는 사람을 예로 들어보자. 그레테는 회사 창립기념일 행사를 준비하느라 자신이 가진 재주와 시간을 한껏 쏟아 부었다. 누가 시킨 것은 아니지만 기쁜 마음으로 자청했던 것이다. 행사 전날 밤에는 잠을 아껴 가며 사장의 업적을 기리는 시를 한 수 짓기도 했다. 기념식이 거행되고, 모두들 흡족해했으며, 그레테도 함께 기쁨을 느꼈다. 하지만 분위기가 무르익어갈수록 그레테의 기분은 왠지 모르게 가라앉았다. 마음속 어딘가에서 슬픔이 싹트기도 했다. 그레테는 일을 너무 많이 해서, 피곤해서 괜스레 슬퍼지는 것이라 생각했다. 하지만 시간이 지나자 슬픔은 외로움과 분노로 발전했다. 이전에도 이런 식의 감정이 뒤섞이며 불협화음을 낸 적이 있었다. 그러한 감정은 억누르면 억누를수록 더 큰 화가 되어 그레테를 괴롭혔다.

마음속 불협화음을 억지로 잠재우는 행위는 터무니없는 수단으로 자기 안의 활기를 잠재우는 행위요 감각의 소중함을 모르기 때문에 범하는 우(愚)에 불과하다. 그레테의 슬픔은 겉으로 보이는 수많은 업무에서 비롯된 것이 아니라 내면의 기쁨을 누구와도 나눌 수 없다는 것에서 비롯된 것이다. 그레테에게 있어 자신의 탁월한 업무능력을 만천하에 공개하고 인정받는 것은 그다지 중요하지 않았다. 경영난에 처했을 때에도 사원들을 해고하지 않으려 노력하는 사장에게 고마움과 인간적인 호감을 지녔었고, 그러한 고마움은 그레테 내면에서 기쁨으로 승화되었다. 문제는 자신이 느끼는 그 내면의 기쁨을 모두와 함께 나눌 수 없다는 것이었다.

정성을 덜 쏟으면 실망할 이유도 줄어든다는 생각은 착각에 불과하다. 아무것도 소중히 여기지 않고 열과 성을 쏟아야 할 대상도 없다면 누군가 세상을 떠나더라도 슬퍼하지도 않을 것 아닌가! '상대방에게 호의를 베풀지 않으면 내게 악의가 돌아오지도 않는다'는 격언은 언뜻 듣기에는 수긍이 가는 말일지 몰라도, 감각과 감정으로 충만한 내면의 삶을 가로막는 말에 지나지 않는다. 절대 화를 낼 이유가 없고 실망할 계기조차 없다는 게 일종의 해방으로 느껴질 수도 있겠지만, 슬픔을 느낄 수 없다면 기쁨에 대한 감각도 무뎌질 수밖에 없다는 것을 염두에 두어야 한다.

마음속에 품은 생각이 모두 이뤄지는 것은 아니고, 그래야 할 필요도 없다. 우리 삶은 무한한 가능성을 지니고 있지만, 그 모든 게 반드시 '필요한' 것은 아니다. 필요한 것에만 초점을 맞추다 보면 삶의 의미와 보람을 만끽할 수 있는 행복한 순간을 놓치고 만다. 요즘 우리 삶은 너무도 합목적성과 필요성에 중점을 두고 있는 듯하다. 그러나 유용성에만 집중할 경우, 삶의 의미와 보람은 점점 더 시야에서 멀어지고 만다. 목적만 추구하는 삶은 금세 공허해지기 마련이다. 탈진 증후군(burn-out syndrome)에 시달리는 사람들이 점점 늘어나고 있는데, 그 사람들이 너무 일을 많이 해서 진이 빠지는 게 아니다. 삶의 보람은 외면한 채 유용성에만 너무 치우치기 때문에 기력이 쇠진하는 것이다. 삶의 의미와 보람은 은밀한 포장지로 감싸져 있기 때문에 그 포장을 풀려는 노력이 수반될 때 비로소 우리 감각에 전달되는 것이다.

🍵 자기 삶의 주인이 되는 5분 명상

삶은 풀어야 할 문제가 아니라

생기를 불어넣어야 할 비밀이다.

– 토머스 머튼

- 내 안에도 어떤 갈망들이 잠자고 있을까?

- 순간적으로 답변이 떠오르지 않더라도 이 질문을 다시 해 보자. 어
  쩌면—특히 아무런 대답도 기대하지 않을 때—뭔가가 떠오를 수도
  있으니까.

- '수면 위로 떠오른 비밀'이 다시 가라앉기 전에 그 갈망을 실현하
  거나 그 갈망이 신기루에 지나지 않았다는 것을 확인하자, 그러면
  그 속에서 자신의 진정성(authenticity)을 발견할 수 있다.

무기력과 열정의 사이

사람들은 진정 상쾌한 기분으로 아침을 맞이하는 느낌, 활력과 기쁨이 넘치는 상태로 잠에서 깨는 느낌이 어떤 것인지 알고 있을까?

얼마 전 나는 샤워를 하면서 수영장에 가는 내 모습을 머릿속으로 그려 보았다. 수영은 예나 지금이나 내 삶의 활력소이다. 그런데 아침을 먹고 나자 우선 몇 가지 일부터 처리하고 싶은 마음이 들었다. 내 안의 목소리가 그간 벼르기만 했지 실천에 옮기지는 못했던 책상정리를 하고 나면 기분이 한결 나아질 것이라 속삭였던 것이다. 수영에 대한 생각이 몇 번이고 머릿속에 떠올랐지만 일상의 잡초는 마치 잠자는 숲 속의 공주의 왕궁을 둘러싼 가시덤불처럼 그 생각을 뒤덮어 버렸고, 안타깝게도 수영을 하러 가겠다던 아침의 결심을 키스로 깨워 줄 왕자님은 오지 않았다. 그 결과, 이런저런 일상의 일들이 활력을 잠재워 버렸고 나는 다시 쳇바퀴를 도는 듯한 바쁜 일상 속에 빠져 버렸다.

여러분도 머릿속에 떠오른 기분 좋은 아이디어의 생명이 하루살이보다 더 짧다는 것을 직접 느껴 본 적이 있을까? 그런 적이 없다고 말하는 사람들의 머릿속에는 예컨대 다음과 같은 일이 벌어진다. 책을 읽으려 손에 잡았으나 내용이 생소하기 짝이 없다. 그래서 금세 지루해하면서 그 책에 대해 화를 내기 시작한다. 두뇌연구가들의 말에 따르면 우리 뇌는 생소한 것에 대해서는 어떠한 연결고리도 찾지 못한다고 한다.

혹은 정반대의 경우가 일어날 수도 있다. 책에 적힌 내용들이 이미 다 알고 있는 것들, 너무도 당연한 것들로 다가오는 것이다. 이를 테면 지금 이 책을 읽으면서 '감정'이란 너무도 당연한 것인데 대체 무슨 심정으로 이렇게 구구절절 말을 늘어놓는 것인지 도무지 이해할 수 없는 것이다. 이 경우, 이 책을 필요로 할 만한 다른 사람에게 선물하면 된다.

또 다른 경우도 생각해 볼 수 있다. 즉 책 속의 글이 왠지 모르게 내 이야기처럼 느껴지는 것이다. 그러면서 약간의 긴장이 동반된 유쾌한 감정이나 관심, 호기심 등을 느끼게 된다. 그럴 때면 자기 안의 무언가가 꿈틀거린다. 즉 해당 책의 내용과 자기와의 연결고리 속에서 '그래, 실은 나도 이걸 알고 있었어. 알고 있다는 사실을 몰랐을 뿐이지'라는 느낌을 갖게 되는 것이다.

열정은 왜 필요할까?

삶의 의미에 대한 관심은 대개 주변 상황이 좋지 않을 때 떠오른다. 하지만 어떤 삶이 보람된 삶이고 어떤 삶이 보람이 없는 삶이라는 식의 정의는 어디에도 없다. 삶의 의미를 체험할 수 있는 방법이 몇 가지 있을 뿐이다. 빅터 E. 프랭클은 가치를 실현할 때 비로소 삶의 의미를 느낄 수 있다고 했다. 그런데 그가 말하는 '가치'란 어떤 것일까? 그는 가치를 창조적 가치, 경험적 가치, 태도적 가치의 세 가지로 구분했다.

일을 하거나 악기를 연주할 때, 편지나 일기를 쓸 때 등 일상생활 속에서 창조적 가치를 실현하려면 최소한의 열정이 전제되어야 한다. 친구와 함께 콘서트를 보러 가거나 자전거 여행을 하려면, 나아가 이를 진심으로 즐기려면 열정이 반드시 필요하다. 열정이 빠진 행동은 습관의 반복에 지나지 않고 금세 지루해지기 마련이다.

태도적 가치는 삶에 대한 열정과 도전정신을 시험대 위에 올려놓는다. 창조적 행위를 할 수도 어떤 일을 즐길 수도 없을 때일수록 태도적 가치의 중요성이 부각된다.

수동적 태도와 권태는 우리 일상을 순식간에 잠식한다. 예컨대 "네 꼴을 좀 봐! 네 자신을 좀 아끼란 말이야!"라는 충고를 들으면 듣는 그 순간에는 그 속에서 관심과 애정을 느끼고 마음이 따뜻해진다. 하지만 곧이어 여러 가지 생각이 꼬리에 꼬리를 문다. 먼저, 나를 아끼고 돌보라는 말 때문에 지금까지 내가 나를 아끼지 않았던 순간들이 주마등처럼 눈앞을 스쳐간다. 그러다 보면 상대방의 충고가 옳았고, 지금까지 내가 내 자신을 너무 소홀히 대했다는 생각을 갖게 된다. 그런데 어떻게 하면 자신을 아낄 수 있을까? 아무것도 하지 않으면 될까? 언뜻 생각하면 그 방법만큼 나를 아끼는 길도 없을 것 같다.

하지만 우리 뇌 속의 신경 세포는 그보다는 조금 더 그럴싸한 방법을 찾아낸다. 그런데 그 방법은 비록 편리하기는 하지만 열정이 빠진 방법들이다. 즉 지금까지 늘 해 오던 방법을 그대로 고수하면서 무관심과 무열정의 고속도로를 마음껏 질주하다가 자기연민이라는 휴게소에 가끔 들르게 만드는 것이다. 자기연민은 누군가가 나타나 나를 책임져 주리라는 환상, 내 모든 행위와 삶을 긍정적으로 받아들일 기회를 떠안아 주리라는 착각에 불과하다. 무관심과 무열정은 행동하고자 하는 의지를 앗아가 버리고, 그것이 반복되다 보면 '학습된 무력감'에 빠지고 만다.

우리는 오래 전부터 타협의 전략을 몸에 익혀 왔다. 그런데 조건부 타협에는 앞날을 내다보는 혜안이 부족하다. 열심히 일하면 결국에는 자기만 손해를 본다는 식의 결론밖에 내지 못하는 것이다. 현대 복지사회에 있어 손해 볼 것에 대한 두려움만큼 큰 두려움도 없는 듯하다. 거기에는 물질적 손해도 포함되지만, 그보다는 괜히 나섰다가 실망만 안게 될 것에 대한 두려움, 다른 사람들의 동정이나 받게 될 것에 대한 두려움이 더 큰 부분을 차지한다.

나는 자기연민에 빠지기에 앞서 책이나 음악에서 영감을 얻으려 애쓴다. 니콜라우스 아르농쿠르의 지휘로 연주되는 곡들을 감상하며 마음을 다잡는 것이다. 우리 삶은 늘 새롭다. 과거에 걸어 온 어떤 길, 어떤 특효약, 어떤 레퍼토리도 지금 이 순간 버튼 하나를 눌러 다시 불러낼 수는 없다. 무언가를 시작할 때마다 미지의 땅을 스스로 개척해야만 하는 것이다.

일상 속에서 무기력감을 야기하는 것은 잘못된 가치들, 핵심이 빠진 가치들이다. 어떤 가치의 핵심은 그것을 얼마나 향유할 수 있는가 하는 점으로 측정되는 것이고, 그 향유가 때로는 자기 스스로에 대한 도전과 맞물려 있을 때도 있다. 핵심이 빠진 가치는 공중을 떠도는 기구(氣球)와도 같다. 우리 눈이 기구를 따라가는 동안, 기구는 뾰족한 무언가에 찔려 터져 버린다.

진정한 가치는 도전정신을 일깨우는 가치이다. 그러한 가치들은 오래 지속되면서 열정을 요구한다. 가치뿐 아니라 모든 진정한 것들은 어느 정도의 열정을 요구한다.

요리만 해도 그렇다. 열정을 발휘하는 사람만이 진정 창의적이고 훌륭한 요리를 만들어 낼 수 있다. 당연성이나 습관으로 퇴색된 것은 열정이라 할 수 없다. 금세 식어 버리는 것 역시 진정한 열정이라 할 수 없다. 어떤 난관이 닥치더라도 금세 포기해 버리지는 않는 것이 진정한 열정이다. 열정은 비록 자로 잴 수는 없지만 감각으로 느낄 수는 있다.

예컨대 감자 하나를 깎을 때에도 의무감에서 할 수도 있지만 진정 그 일을 즐길 수도 있지 않은가. 필요 때문에 어쩔 수 없이 책을 읽을 수도 있지만 그것은 수박겉핥기에 지나지 않는다. 정말 읽고 싶어서 책을 읽을 때 비로소 글자 하나하나에 집중할 수 있다.

감자스프를 준비할 때든 책을 읽을 때든 중요한 것은 눈에 보이는 차이가 아니다. 중요한 것은 눈에 보이지 않는 차이, 즉 표면적인 행위이냐 열정에서 우러난 행위이냐 하는 차이이다.

☕ 자기 삶의 주인이 되는 5분 명상

평탄한 길만 걸어갈 일이 아니다.

아직 아무도 가지 않은 길을 걷기도 해야 한다,

그래야 먼지바람뿐 아니라 발자취도 남길 수 있을 테니까.

– 생텍쥐페리

• 어떤 이들이 내게 용기를 주었던가?

• 나는 언제 새로운 것에 기꺼이 뛰어드는가?

• 나는 평탄한 길과 손쉬운 방법을 포기할 수 있는가?

열정이 광기로 변질될 때

어떤 것에 감동을 받았을 때 우리는 우리 주변의 다른 사람
도 거기에 공감하게 만들려고 많은 노력을 기울인다. 그리고
공감대를 얻고 싶은 마음이 간절할수록 상대방도 나와 똑같은
열광적 반응을 보여 주기를 간절히 기대하게 된다. 그러나 그
러한 노력이 너무 지나치다 보면 정말 중요한 가치, 가장 중요

한 가치를 시야에서 놓쳐 버린다. 다시 말해 처음의 건전한 열정이 광기로 발전해 버리는 것이다.

그렇다면 열정과 광기의 차이는 어디에 있을까? 광기에 사로잡힌 이들은 스스로 대상을 조절하는 게 아니라 대상에 의해 조종당한다. 물론 안타깝게도 당사자들은 열정이 어느 순간 광기로 변해 버렸다는 사실을 눈치 채지 못한다. 제3자의 눈에만 보일 뿐이다. 광기라는 바이러스에 절대 감염되지 않는다고 자신 있게 말할 수 있는 이는 아무도 없다. 광기는 가장 어리석은 형태의 열정이다. 광기에 빠진 이들은 모든 것을 심각하게 받아들인다. 자신들이 '신성하게' 여기는 것을 누가 놀리기라도 할라치면 그들은 흥분을 가라앉히지 못한다.

광기는 비장함의 뿌리 위에 싹을 틔운다. 광신도들은 비장하고 거창한 말들을 중요시한다. 반면 유머나 위트는 광신도들의 분노만 살 뿐이다. 광신도들과 논쟁을 할 때 농담은 통하지 않는다. 어떤 유머를 구사해도 그들의 극도로 진지하고 완고한 태도를 무너뜨리지는 못한다.

열정은 노력을 높이 산다

열정을 지녔다고 해서 늘 들떠 있어야 하는 것은 아니다. 중요하다고 생각되는 가치들을 무조건적으로 옹호하는 것이 열정이 아니다. 어려운 시절이 닥쳐도 마음속 품은 열정을 포기하지 않는 것이야말로 진정한 삶의 기술이다. 우리 삶에는 때때로 '선동자'가 등장한다. 선동자는 우리로 하여금 삶의 가치와 의미에 대해 되돌아보게끔 부추긴다. 그런 의미에서 살아가면서 부딪치는 각종 난관은 우리의 의지를 삶의 의미로 발전시키는 계기라 할 수 있다. 그런가 하면 화해를 유도하는 '중재자'가 등장할 때도 있다. 빅터 E. 프랭클은 이 중재자가 삶에 대한 각종 고민으로부터 우리를 해방시켜 주는 존재라 했다.

언뜻 봐도 선동자보다는 중재자가 훨씬 더 인기가 많을 듯하다. 실제로 우리는 어떤 일에 실패했을 때, 용기를 북돋우고 마음을 다잡아 줄 사람들을 만나야 한다. 그럴 때 가장 필요한 사람은 어떤 일을 이뤄내기 위해 얼마나 많은 노력이 필요했는지를 생생히 들려주는 사람이다. 라인하르트 마이*는 『더 하고 싶은 말(Was ich noch zu sagen hätte)』이라는 책에서 무대 공포증을 극복한 자신의 경험담을 다음과 같이 진술했다.

나는 내가 과거에 경험한 것들의 가치를 분명히 인식하려

---

* Reinhard Mey, 1942년생. 독일의 포크송 가수

노력한다. 그것은 내가 나를 위해 만든, 나를 지지해 주는 버팀목 같은 것이다. 그것이 없다면 나는 그만 와르르 무너지고 말 것이다……(중략)…… 무대공포증은 대개 오후 3-4시부터 시작되어 저녁 8시가 되기까지 점점 더 심해진다. 오후 6시경부터는 아예 대기실 문을 닫은 채 한 발짝도 밖으로 나오지 않는다. 그곳에서 나는 외부와 완전히 차단된 채 그날 연주할 곡들을 처음부터 끝까지 연주해 본다. 매일 저녁 이렇게 하는 이유는 그래야 내 자신이 안심할 수 있기 때문이었다. 거기에는 분명 무대공포증을 극복하려는 의도도 포함되어 있었을 것이다. 무언가를 하고 있다는 느낌이 그저 좋기도 했다. 결론적으로 나는 매일 콘서트를 두 번 한 셈이다. 거기에는 기술상의 이유도 있었다. 나는 매일 새로운 현을 사용했던 것이다. 그래서 그날 저녁의 공연을 위해 미리 현을 뜯어봄으로써 나중에 조율이 안 되어 문제가 발생할 소지를 미연에 방지했던 것이다.

위와 유사한 상황에서 지식보다 더 절실히 필요한 것은 바로 믿음이다. 내 자신에 대한 믿음, 타인에 대한 믿음, 모든 일이 잘될 것이라는 믿음이 필요하다.

우리한테 또 필요한 한 가지는 친구, 그리고 친구와의 우정을 소중히 여기고 가꾸려는 마음자세이다. 필요할 때에만 전화를 거는 행위는 우정이라 할 수 없다. 우정은 관심과 감사하는 마음을 겉으로 표현할 때 비로소 발전된다.

친구에 대한 마음을 겉으로 표현한다고 해서 굳이 값비싼 선물을 줘야 하는 것은 아니다. 힘이 되는 말 한 마디가 담긴 카드 한 장, 아무 이유 없이 그저 안부가 궁금해서 보내는 메일 한 통, "너 같은 친구가 있다는 게 얼마나 다행인지 몰라!"라고 말하기 위해 거는 전화 한 통이면 족하다. 혹시라도 소중한 친구를 잃게 될까 봐 전전긍긍하며 자신의 모습을 포장하는 것은 바람직하지 않다.

삶은 때로 우리가 처음에 생각했던 것보다 더 많은 것을 요구한다. 그 사실을 있는 그대로 받아들이면 된다. 열정적으로 산다는 말은 가식적으로 산다는 말이 아니다. 물론 있는 그대로의 내 모습을 남에게 고스란히 보여주기가 쉽지는 않다. 내가 상대방에게 짐이 될 수 있다는 생각이 들 때에는 더더욱 어려운 일이다. 하지만 내가 나를 포장하지 않고 진실된 모습을 보여줄 때 비로소 나와 상대방은 진정한 만남을 가질 수 있는 것이다.

「세기의 노래」

언젠가 내가
내가 나를 닫지 않고도
당신 곁에서 나를 잃지 않을 수 있게 된다면,
그때 나는 아무 두려움 없이
당신에게 다가갈 수 있을 거예요.

언젠가 내가
내가 나를 때리지 않고도
당신 곁에서 냉정을 유지할 수 있게 된다면,
그때 나는 아무런 슬픔 없이
당신을 껴안을 수 있을 거예요.

언젠가 내가
내가 나를 내세우지 않고도
당신 곁에서 내 자신을 존중할 수 있게 된다면
그때 나는 아무런 그늘 없이
당신을 사랑할 수 있을 거예요.

– 에리카 플루하르[2]

내 안에 늘 존재하는 무의식

우리 안에는 비록 늘 의식하고 있지는 않더라도 일종의 삶에 대한 지혜가 잠자고 있다. 일상생활 속 수많은 상황에 본능적으로 대처하는 능력도 거기에서 비롯되는 것이다. 그러한 지혜 덕분에 우리는 중대한 무언가에 대해 깊이 생각하지 않고도 즉흥적으로 결정을 내리곤 한다.

살다 보면 어떤 날에는 아주 사소한 일에 대한 생각조차 힘들 때가 있다. 그런 날이면 감각을 향한 문이 아예 닫혀 있는 듯한 느낌마저 든다. 그런 어려움을 겪는 것이 비단 나뿐만이 아니라는 사실을 알고 나면 조금은 안심이 될까?

에티 힐레줌*은 2차 대전 당시의 상황을 기록한 일기 모음집인 『생각하는 마음(Das denkende Herz)』에서 "내 안에 아주 깊은 샘이 하나 있습니다. 그리고 그 안에는 신이 계십니다. 가끔은 신께 도달할 수 없을 때도 있습니다. 하지만 그 샘 속

---

* Etty Hillesum 1914-1943. 네덜란드 출신의 유대인으로 아우슈비츠에서 사망함

에 자갈과 돌멩이가 가라앉아 있을 때가 더 많습니다."라고 고백했다. 힐레줌의 신에 대한 고백은 삶에 대한 설명이기도 했다. 그의 말 속에서는 신이 곧 삶이요, 삶이 곧 신이다. 많은 이들이 신이라 하면 선과 악을 심판하는 재판관을 떠올린다. 그런데 우리는 그 재판관이 인간이 만든 기준으로 판결을 내릴 것이라 착각한다.

규범과 계명, 명령 등을 기준으로 삼는 삶은 힘든 삶이다. 활력을 북돋우는 규범을 본 적이 있는가? '너는 절망하지 말지어다'라는 계명을 본 적이 있는가? '머릿속에 아무것도 떠오르지 않을 때면 웃음 지어라!'라는 규범을 본 적이 있는가? 당연한 말이겠지만 우리 감정은 명령으로 조절되는 것이 아니고, 의지 역시 억지로 끌어낸다고 생성되는 것이 아니다.

몇 년 전 프란츠 크로이처는 빅터 E. 프랭클에게 본질에 관해 질문한 적이 있다.

프란츠 크로이처 : 그 본질적이란 것이 무엇인지 분명히 정의할 수 있습니까? 저 깊은 무의식 속을 들여다보는 것이 본질적인 것인가요?

빅터 E. 프랭클 : 맞아요. 본질적인 것이란 무의식을 의식하는 것입니다. 하지만 결국 그 마지막에는 다시금 무의식이 이어진다는 것도 알고 있어야 하겠지요. 인간은 특정한 것에 대해 인식을 해야 합니다. 그래야 치유가 되니까요. 하지만 결국에는 그것을 다시 무의식 속에 가라앉혀야 합니다. 당연히 이어지는 삶의 과정 속으로 말이지요.

– 빅터 E. 프랭클, 『태초에 의미가 계시니라

(Im Anfang war der Sinn)』

삶은 '나도 모르게 내게 주어진 선물'이다. 무의식중에 내게 주어져, 내 삶이 마감하는 날까지 내 곁을 지킨다. 그런데 무의식은 잠재의식과는 다르다. 잠재의식은 생활 속 다양한 상황에서 발휘된다. 운전을 예로 들자면, 면허를 딴 지 오래되었고 이미 운전경력도 꽤 쌓인 사람이라면 굳이 정신을 집중하지 않고도 기어를 2단에서 3단으로 바꿀 수 있다. 이때 발휘되는 것이 바로 잠재의식이다. 굳이 머리를 동원하지 않아도 자연스럽게 기어를 전환할 수 있는 것이다. 각종 연구결과에 따르면 오히려 조수석에 앉은 사람이 운전자 본인보다 훨씬 더 머리를 많이 쓴다고 한다.

잠재의식의 또 다른 사례 하나를 살펴보자. 이미 여러 번 해본 요리를 할 때면 생각이 완전히 다른 곳에 가 있더라도 우리

손은 기계적으로 움직인다. 그러다가 소금 대신 설탕을 뿌렸을 때 등, 무언가 실수를 저질렀을 때에야 비로소 의식이 다시 원래의 자리로 돌아오곤 하는데, 그것이 바로 잠재의식이다.

무엇을 위한 자유인가?

자유와 방종을 착각하는 이들이 있다

내가 살고 있는 이 시대가 인간의 자유를 다른 많은 것보다 우선시한다는 시대라는 사실이 한편으로는 매우 안심이 된다. 그러나 그 내용을 자세히 들여다보면 우리 사회가 자유라 표방하는 것이 오히려 완벽한 독단에 가까우며 사물의 피상에만 치중하고 있기에 염려도 뒤따른다. 특히 자유를 방종과 혼동하고 조직적 무책임을 기꺼이 추구해야 할 가치로 선전하는 행위는 우려를 자아내지 않을 수 없다.

얼마 전까지만 하더라도 우리 사회는 경직된 전통주의에 얽매여 있었다. 규칙과 정해진 틀, 명령과 규정 등이 사회 전반을 지배하고 있었다. 우리 이전의 세대는 명시적으로 허용되지 않은 모든 것들이 금지된 시대를 살았던 반면, 지금 우리는 심지어 금지된 것조차 허용하는 분위기에 휩싸여 있다.

과거를 미화시키며 지나간 사회의 형태를 찬미하는 것은 분명 잘못된 행위이다. '스트루벨페터식* 교육철학' 때문에 부담을 느끼며 자란 이들이 수없이 많은 것은 분명한 사실이고, 자기보호라는 그럴싸한 핑계 때문에 감각으로 향하는 문이 닫혀 버린 것도 부인할 수 없는 사실이다. 그러한 낡은 규칙들이 와해되면서 새로운 가능성들이 대두된 것이 오히려 다행이라 할 수 있다. 과거의 낡은 구조들은 다원주의 속에서 자취를 감춰 버렸고, 이제는 그에 대한 반동으로 개인주의에 대한 갈망이 한층 더 거세지고 있다.

가치관에도 커다란 변화가 일어났다. 그런데 그런 가운데 많은 이들이 오히려 정해진 틀의 부재를 한탄하는 경향이 나타나고 있다. 그들은 정해진 구조야말로 안정감의 근원이라며 오히려 자유를 제한해야 한다고 주장한다. 옛 구조에 대한 향수가 만연하기도 한다. 하지만 그것은 어디까지나 우리의 기억 속에서 아름답게 느껴질 뿐, 실제로 엄격하기 그지없는 명령체계가 자유라는 가치를 대체해 버린다고 생각하면 끔찍한 생각부터 들 뿐이다.

규범과 규칙, 명령도 물론 심각하게 받아들여야 할 대상이지만 우리의 감각 역시 그 못지않게 진지하게 받아들여야 할

＊ 스트루벨페터는 하인리히 호프만의 동화에 등장하는 주인공. 이 동화는 하지 말라는 행위를 했을 때 잔혹한 처벌이 돌아온다는 '교훈'을 전달한 것으로 유명함

대상이다. 그리고 후자를 실천하려면 자유가 반드시 필요하다.

자유는 언제 어디에서 무엇이든 할 수 있는 것을 의미하지는 않는다. 요즘 시대를 보면 자유가 '정해진 것은 아무것도 없다'는 슬로건 하에 거의 새로운 형태의 이데올로기로 자리잡아 가고 있는 듯하다. 하지만 그것은 진정한 자유가 아니라 독단일 뿐이다. 모든 가능성을 다 열어 두는 사람, 어디에든 가야 직성이 풀리고 그 어떤 것도 놓치기 싫어하는 사람은 어떤 일의 중심에 놓여 있으면서도 실제로 그 자리에 없는 것과 마찬가지이다. 어디에든 가 있어야 속이 시원하다는 사람은 어디에도 없는 것이나 다름없다. 어딘가에 '가 있다'는 말 속에는 '있다'는 말, 즉 '존재한다'는 말이 포함되어 있다. 인간이라는 존재, 프랭클이 인간(person)이라고 말하는 존재는 분명 자유롭다. 그러나 '무언가로부터' 자유로운 게 아니라 '무언가에 대해' 자유로운 것이다. 자신에게 닥치는 수많은 상황이 제시하는 책임에 대해 인간은 자유롭다.

오늘날의 사회, 그중에서 적어도 서구사회는 무한한 가능성의 시대를 누리고 있다. 기술발달로 인해 이제 우리의 생각은 모든 것이 가능해야 한다는 방향에 초점을 맞추고 있다. 그런데 거리낄 것이 아무것도 없는 무한한 가능성은 파괴력을 의미한다. 물론 기술적 가능성 자체가 파괴적인 것은 아니다. 중요한 것은 기술발달을 바라보는 시각과 마음상태이다. 그러나 절대자의 힘을 부인하면서부터 전체주의적 권력에 대한 생각이 도처에 넘쳐흐르게 되고 말았고 그 결과, 기술적으로 가능하다고 해서 반드시 인간적으로도 가능한 것은 아니라는 사실을 많은 이들이 망각하게 되었다.

가능성(feasibility)이란 말은 무성의함(half-heartedness)과 일맥상통하는 면이 있다. 이를 테면 누구의 초대에 응하기는 하지만, 그 이유는 오로지 이전에 약속을 했기 때문이고, 정작 파티 장소에 간 다음부터는 생각이 다른 곳에 가 있는 것이다. 현대인들 가운데에는 아무것도 놓치기 싫어서 '동시성'이라는 일종의 '트릭'을 사용하는 이들이 많다. 하지만 어떤 책에 푹 빠져 있는 상태라면 음악이 귀에 들어올 리 없다. 음악을 계속 틀어 놓아 봤자 한쪽 귀로 듣고 한쪽 귀로 흘리는 것밖에 되지 않는다. 이와 관련된 한 가지 상황을 예로 들어보자. 두 사람이 무언가에 대해 한창 열을 올리고 대화를 나누고 있다. 그런데 갑자기 둘 중 한 사람의 휴대폰이 울린다. 그 사람은 전화를 받으면서 손짓, 발짓, 눈짓을 동원해 자기 앞에 앉아 있는 상대방에게 뭔가를 급히 얘기하려 한다. 그 결과는 그리 성공적이지 못하다. 통화가 끝나기를 기다리는 사람도 그 사

람의 의도를 제대로 파악하지 못하고, 통화를 하고 있는 상대
방도 어느 새 심기가 불편해지고 만다.

삶은 때로 우리에게 조용한 불쾌감을 던져 준다. 무언가를
놓치고 있는 듯한 불안감 역시 삶이 제시하는 일종의 신호이
다. 그 감정의 소리에 귀를 기울여야 한다. 이성은 두 가지 일
을 동시에 해낼 수 있다며 우리를 설득한다. 그러나 아무리 주
도면밀하게 계획을 짠다 하더라도 두 가지 일을 동시에 하기
가 쉽지 않다. 삶은 우리의 감정을 이용해 경고의 메시지를 전
달한다. 하지만 감정을 통한 경고의 목소리가 이성적 사고에
덮여 들리지 않을 때가 너무도 빈번하다.

자유란 머릿속에 존재하는 상상을 포기할 수 있음을 의미한
다. 우리는 분명 각종 광고에서 떠들어 대는 것만큼은 자유롭
지 않다. 우리는 시간으로부터도, 공간으로부터도, 살아 있는
감각에 대한 책임으로부터도 자유롭지 않다. 감정은 대개 낮
은 목소리로 이야기를 한다. 그러다가 무언가가 잘못 되었을
때 그 목소리는 커진다. 그런데 요즘은 그 감정을 받아들이고
그 감정을 겉으로 표현할 경우, 사고방식이 낡았다는 평가를
듣거나 심지어 동정심을 사게 될 공산이 크다. 요즘 시대가 감
정을 낡은 것, 시대에 뒤처진 것으로 치부하기 때문이다.

요즘 사회는 속내를 드러내지 않는 능력을 최고의 미덕으로

여기는 듯하다. 그러나 그것은 도저히 참을 수 없는 피상만 보여준다. 피상은 무언가에 감동할 수 있는 능력이나 인간의 존엄성을 위해 열정을 바칠 수 있는 능력의 상실로 이어지고 만다.

우리는 하루도 빠짐없이 끔찍한 뉴스를 접한다. 매일 아침 반복되는 잔인한 소식들을 피하는 가장 좋은 방법은 아마도 신문을 읽지 않고 TV를 켜지 않는 것 아닐까? 그래야 '모르고 지나갈' 자유를 누리는 것 아닐까? 하루가 다르게 이어지는 소름 끼치는 소식들을 들어 봤자 결국에는 무감각해지거나 할 말을 잃는 결과밖에 없지 않을까?

내게 신문의 앞날에 대해 질문하는 것은 아이러니컬한 일이다. 내가 누군가! 이미 몇 년 전부터 신문과 주간지를 의도적으로 외면해 온 사람 아니던가! 그럼에도 불구하고—이 말도 꼭 덧붙여야 할 듯하다—정보가 부족해서 불편했던 적은 없다. 나는 오히려 너무나 다양한 정보의 홍수가 본질에 대한 시야를 가려 버린다는 것을 깨달았다.

— 에리카 플루하르, 『나는 법을 배우는 물고기
(Der Fisch lernt fliegen)』

☕ 자 기 삶 의 주 인 이 되 는 5분 명 상

네 자신을 제외한 그 어떤 것도 가치를 지니지 못한다.

옷이 사람을 만드는 것도

안장이 좋은 말[馬]을 만드는 것도 아니다.

– 앙겔루스 질레지우스

• 마음이 끌리는 생각, 따뜻해지는 생각으로 하루를 시작해 보자.

• 아침식사를 하는 동안, 신문 대신 유쾌한 시나 의미심장한 아포리즘을 읽어 보자.

• 특히 마음에 드는 시가 있으면 외우려고 노력해 보자. 그러고 나면 그 시는 '내 것'이 될 것이다.

나는 어려운 문제들에 대해 궁리하지 않고

시간에 대해 이야기하지 않는다.

그렇게 하여 어디까지 갈 수 있을지 알 수 없지만,

분명한 것은 멀리 가지는 못한다는 것이다.

– 하인츠 에어하르트[3]

인간은 경건하고 고요하게 희망한다,

자기가 원하는 것을 언젠가는 얻게 될 것이라고.

그러다가 나중에는 광기에 사로잡혀

결국에는 자기가 얻은 것을 원하게 된다.

— 오이겐 로트

신체적 건강을 매우 중시하는 이들이 자기 몸을 위해 투자하는 만큼 우리도 매일 영혼의 유쾌함을 위해 무언가를 해야 한다. 겉으로 건강해 보이는 것만큼이나 마음을 살찌우는 것도 중요하기 때문이다.

규칙을 싫어하고 정해진 틀을 멀리하는 분위기가 대두되면서 이제는 각자가 자기 안에 새로운 버팀목을 마련해야 하는 시대가 왔다. 내면의 버팀목은 버튼 하나를 눌러서 만들어 낼 수 있는 장치가 아니다. 매일 조금씩 노력해야 자기 안의 기준이 마련된다.

두뇌연구가인 게랄트 휘터는 "지금 우리에게는 마치 겉껍데기를 갑자기 벗어 버린 곤충과 같은 상황이 벌어지고 있다. 껍질을 빼앗겨 버린 곤충은 말하자면 온몸이 갈가리 찢겨나가는

---

3) ⓒ 2004 Das große Heinz-Erhardt-Buch, Lappan Verlag, Oldenburg.

경험을 하게 된다. 지금 우리한테 필요한 것도 내적인 틀을 개발하는 것이다. 외부에 더 이상 의지할 대상이 없어졌을 때 그것을 내적인 것에서 얻어야 하는 것이다."라는 말로 지금 우리가 처한 상황을 설명했다.

정해진 구조는 한편 부담이 될 수도 있지만 다른 한편으로는 버팀목이 되어 주기도 한다. 그런 의미에서 지금 우리는 일종의 딜레마에 빠져 있다고 할 수 있다. 지금 우리 주변에는 내적 버팀목 없이 살아가는 이들이 너무도 많다. 자신의 능력에 대한 믿음만으로는 충분치 않다. 삶은 우리에게 다양한 종류의 믿음을 제시한다. 삶에 대한 근본적인 믿음이 그 중 하나이다. 우리는 숨 쉴 때마다, 걸을 때마다 그러한 원초적인 믿음을 느낄 수 있다. 그런가 하면 우리 삶을 한층 풍성하게 해주는 타인에 대한 믿음도 있고, 자신의 감각에 대한 믿음도 존재한다. 살아가면서 자신이 지닌 내적 풍성함에 관한 믿음을 망각할 때도 있지만, 그럴 때마다 이러한 믿음은 우리 곁을 다시 찾아온다.

삶과의 대화

삶과의 대화는 곧 감각과의 대화이다. 우리 안의 감각은 우리 안에 살아 숨쉬는 그 무엇이다. 우리를 둘러싼 바깥세상은 우리에게 생기 있는 삶을 최대한 포기하라고 요구하고 우리는 바깥세상을 늘 예의주시한다. 반면 내면의 세계, 잠재의식의 세계에 눈길을 돌리는 경우는 매우 드물다. 때로 우리는 겉으로 보기에 전혀 문제가 없는 사람이 내적으로는 곪아 터져 가는 경우를 목격하게 된다.

우리 모두는 사회 속에서 제 몫을 다하고 그 속에 순응하면서 사회적 인정을 얻기 원한다. 그런데 그 과정에서 안타깝게도 삶과의 대화는 너무도 소홀히 여기고 있다.

어떻게 해야 내 안의 삶과 대화를 풀어나갈 수 있을까? 내가 내 안에서 발견한 그것이 남들이 생각하는 내 모습과 일치할까? 지금 이 순간, 내가 삶의 당위성을 추구하는 것이 아니라 삶과의 진정한 대화를 풀어나가고 있다는 확신은 어떻게 해야 얻을 수 있을까? 나는 자기확신이 대체 무엇인지 알고 있기나

한 것일까? 비록 내 모습이 보통 사람들의 의견과 일치하지 않는다 하더라도 내 삶에 대해 굳건한 믿음을 지녀도 되는 것일까?

빅터 E. 프랭클의 『의료상담. 로고테라피와 실존분석의 기초』를 보면 삶과의 대화의 기초가 될 만한 빼어난 문구가 등장한다. 그는 "처벌에 대한 두려움, 보상에 대한 희망, 타인의 마음에 들고자 하는 바람 등이 인간 행위를 결정짓는 한, 진정한 양심은 감히 입을 뗄 수조차 없다"고 했다.

프랭클이 말하는 양심은 통상적인 도덕이 아니다. 이에 따라서 양심의 가책 역시 요구 받은 일을 그대로 수행하는 것과는 전혀 관계가 없다. 양심은 우리가 우리 삶에 대해 망각할 때 우리를 물어뜯는다. 프랭클은 양심을 잠재의식 속의 신, 즉 삶의 의미를 찾아 나선 여행에서 우리를 인도하는 기관(instance)이라 칭했다. 단, 삶의 의미는 외부가 아니라 삶 자체를 경험하고 누림으로써 얻어지는 것이다.

삶과의 대화는 대개 조용하게 진행된다. 여기에서 말하는 '조용하다'는 저마다 생각하기 나름이다. 일부러 틀지 않는 한, 라디오나 TV에서 아무 소리도 들리지 않는 것이 조용한 것이라는 이도 있고, 배경음악이 계속 들려오는 것쯤은 고요를 방해하지 않는다는 이도 있다. 저마다 삶과의 대화를 나누는 방식이 다를 수밖에 없다.

어떻게 해야 삶과의 대화를 성공적으로 진행할 수 있는지에
대한 정답은 없다. 그저 자기 안의 감각을 느껴 보고 말해 보
는 것, 그리하여 지금 내가 살아 있다는 느낌을 얻는 것이 최
선의 길일 따름이다. 삶은 감각을 통해 우리에게 메시지를 전
달한다. 그러면서 마음을 따뜻하게 하고 정신을 강화하며 때
로는 위험을 경고하기도 한다. 삶은 기쁨이나 유쾌함 등의 즐
거운 감각만을 통해 우리에게 전달되는 것은 분명 아닌 듯하
다.

> 어떤 감각도 사소하다고 말하지 말라, 어떤 감각도 무가
> 치하다고 말하지 말라!
> 모든 감각은 이로운 것, 매우 이로운 것이다. 증오까지도,
> 질투심까지도, 시기심까지도, 잔악함까지도 모두 다 이로
> 운 것이다. 우리가 살아갈 힘을 얻는 것도 다름 아닌 가여
> 운, 아름다운, 눈부신 감정들이다. 그 감정을 소홀히 여길
> 때마다 우리는 별빛 하나를 꺼뜨리고 있는 것이다.
> – 헤르만 헤세

헤르만 헤세는 우리의 감정이 아름답고 눈부시다고 말한다.

감정이 깊고 강렬할수록 감정을 조절하거나 억지로 만들어 낼여지는 줄어든다. 강렬한 감정일수록 더 오래 지속되면서 우리 곁을 떠나지 않는다. 마음속에 슬픔이 자리 잡고 있을 때에는 아무리 날씨가 화창해도 기분이 좋아지지 않는다. 그만큼, 그러니까 살아 있다는 것을 그 무엇보다 강렬히 각인시킬 만큼 슬픔이 크다는 뜻이다.

강렬한 감정일수록 그 사람 전체를 뒤흔들고 사로잡으면서 타인에 대한 그리움을 불러일으킨다. 그런데 자기감정에 진정 충실한 사람은 외적인 조건을 바꾸려고 필사적으로 노력하지 않는다. 자신의 감각에 대해 충분히 알고 있는 이라면 때로 실망하거나 상처받는 일이 있더라도 삶에 대해 회의를 품지 않는다. 삶에 대한 실망은 대개 자신이 삶에 대해 품었던 기대때문에 이는 것이다. 삶 자체는 어렵고 힘든 일을 반드시 극복해야 한다고 우리에게 가르치지 않는다.

감각의 차원에서 보자면 어떤 일을 당하든 초연하게 대처하는 것이 그다지 중요치 않다. 중요한 것은 오로지 마음의 언어일 뿐이다. 마음이 빛을 발하는 곳에서 이성까지 덩달아 빛을 발할 필요는 없다.

마음의 소리를 믿고 따르다가 남들의 놀림감이 되고 마는경우도 없지는 않다. 세계사를 보더라도 자신의 믿음에 따른 길을 걷는다는 이유로 핍박 받은 이들이 적지 않다.

1960년대, 마르틴 루터 킹은 자신의 꿈을 실현하고자 했다. 그 꿈을 위해 그는 죽음이라는 대가를 치러야 했지만, 자신의 꿈이 이루어지는 모습은 아쉽게도 놓치고 말았다. 50년 전만 하더라도 유색 인종이 백인과 같은 학교에 다니는 것이 상상조차 불가능했다고 한다. 지금은 어떨까? 지금은 유색 인종이 내각 최고의 자리에 오르기도 한다. 그런가 하면 바츨라프 하벨은 유효한 비자를 지니고 있고 출국도 가능한 상태였음에도 불구하고 당시 체코슬로바키아의 감옥에 수감되어 기꺼이 영어생활을 했다. 하벨은 조국과 국민의 자유를 위해 자신의 자유를 포기했던 것이다.

내적인 버팀목을 마련할 때 모범이 될 만한 이가 있으면 큰 도움이 된다. 이데올로기적 광기를 실현하기 위해 모범이 필요한 것이 아니다. 일상생활 속에서 난관을 극복하는 방법을 터득하는 데에 모범이 필요한 것이다. 우리가 살고 있는 땅이나 우리 삶 자체를 있는 그대로 받아들이지 않는 세상에 저항하기 위해 내적인 버팀목이 필요한 것이다. 안타깝게도 이 세상은 남을 위해 자기를 희생하는 수많은 이들의 숭고한 정신보다는 말초신경을 자극하는 가벼운 흥밋거리에 더 관심을 보이는 듯하다.

내적인 버팀목을 인지하는 데에 가장 큰 적은 바로 경쟁심이다. 남보다 더 뛰어나야 한다는 강박관념 때문에 얼마나 큰 것을 잃어야 하는지를 제대로 알고 있는 사람은 드물다. 오늘날 남보다 더 잘나기 위한, 남보다 더 많이 가지기 위한, 남보다 더 많은 것을 얻기 위한 노력은 그 어떤 노력보다 더 필사적으로 진행된다.

그 흐름에 발맞추지 않을 경우, 무능한 자, 패배자로 낙인찍힐 위험마저 도사리고 있다. 사회적으로든, 직업상으로든, 혹은 운동을 하는 데 있어서든 뛰어난 야심을 만족시킬 능력을 지닌 이들은 인정받는 존재가 될 기회조차 미처 가지지 못한 수천 명의 적이 되고 만다. 사실 야망을 포기하고 주저앉아 버리는 이들이 얼마나 많은가. 그들 대부분은 끊임없는 실망감에 주저앉는 것이다. 우리는 내가 기대하는 것과 내 자신의 실제 능력이 일치하지 않을 때 실망감을 느낀다. 하지만 외적인 요구나 내적인 야심은 삶과의 대화를 방해할 뿐이다.

라이벌의식이나 경쟁 심리의 원인이 다양성은 아니다. 세상에 나와 똑같은 사람은 없다. 아무리 사랑이 깊고 영혼의 공감대가 강하다 하더라도 그 사람이 내가 될 수는 없다. 함께한다는 것의 의미는 나만의 고유한 특성을 버리는 것이 아니다. 공생과 대인관계의 활기는 각자 마음에 품은 것을 버리는 데에 있지 않다. 함께한다는 것은 다양한 능력 속에, 서로 보완하는 것 속에, 나아가 이 세상의 많고 많은 사람이 홀로 살기 위해 태어나지는 않았다는 인식 속에 존재하는 것이다.

소위 발달된 문명사회에는 타인에 얽매이지 않으면 삶이 한층 가벼워진다는 착각이 지배적이다. 점점 더 많은 이들이 각자 자신의 일만 열심히 하면 될 뿐, 남의 일에 전혀 간섭하지 않는 삶을 갈망하고 있다. 그러나 아무리 그러한 갈망이 강렬해진다 하더라도 우리는 우리를 이해해 줄 누군가를 필요로 한다.

때로는 싸울 상대가 필요하기도 하다. 모두들 자신이 부족한 존재라는 것을 인정하는 가운데 서로 만나 이야기하고 때로는 다툰다. 그리고 그런 관계가 지속되는 한, 대인관계의 끈도 이어진다. 서로가 서로와의 연결고리를 끊어 버리지 않는 한, 삶과의 대화 속에 살고 있는 것이다.

사람들은 지금까지 배워 온 지식을 총동원해서 불편한 일이나 불쾌한 감정을 떨쳐 버려야 마땅할 근거들을 찾아내곤 한다. 지금 행동의 이유를 스트레스 탓으로 돌리고, 모든 귀찮은 일들로부터 해방되어 이제는 자기 자신을 돌봐야 한다고 주장한다. 그런데 이때 가장 필요한 것은 내 자신의 안위를 꾀하는 것이 반드시 이기주의로 이어지지는 않음을 이해하는 것이다.

그래야 비로소 개인주의의 덫에서 벗어날 수 있다.

애착이나 관계는 관심을 통해 발전된다. 무언가를, 혹은 누군가를 사랑할 수 있는 능력은 사소한 것에 대해서도 발휘되고, 그보다 훨씬 더 격렬한 형태로 발휘되기도 한다. 그런데 사랑이 지나치면 우리 자신이나 타인을 파괴하기도 한다. 하지만 카드 한 통의 형태로 전해지는 사랑은 일상에 활력을 더해 줄 뿐이다. 파괴와는 무관한, 무해한 것이다.

싫은 것을 억지로 좋아할 수는 없다

강력한 의지 없이는 아무것도 이뤄 낼 수 없다는 순진한 제자들에게 스승은 "인생의 가장 좋은 것은 의지로 이뤄지는 것이 아니다."라고 말할 수 있다.

의지를 동원하면 음식을 입으로 가져갈 수는 있다. 하지만 식욕을 돋울 수는 없다. 의지를 동원해서 억지로 침대에 누울 수는 있지만 잠이 드는 것은 의지와 무관한 문제이다. 의지를 그러모아 누군가에게 칭찬을 할 수는 있겠지만 그 사람의 감탄을 살 수는 없다. 의지를 발휘해서 비밀을 털어놓을 수는 있지만 그것으로 그 사람의 신뢰를 얻을 수 있는 것은 아니다. 의지를 발휘해서 업무능력을 증명할 수는 있지만 의지를 모은다고 해서 상대방을 사랑할 수 있는 것은 아니다.

– 앤서니 드 멜로[4]

4) de Mello, Anthony, Eine Munite Unsinn, Herder Spektrum Bd. 5658, S. 15, 58, 78. Aus dem Engl. v. Robert Johna, ⓒ Verlag Herder, Freiburg i Br. 2006.

가치에 대해 감동하라

사람마다 좋아하는 과일이 따로 있다. 딸기나 자두를 좋아하는 이도 있고 오렌지나 그레이프프루트를 좋아하는 이도 있다. 계절에 따라 거기에 맞는 과일만 출시된다면 그중에서 어떤 것을 골라야 할지 오랫동안 고민할 필요가 줄어든다. 유럽을 예로 들자면 그레이프프루트는 겨울에, 딸기는 여름에 판매된다. 그런데 요즘 슈퍼마켓 판매대를 보면 제철과일이라는 말이 무색할 정도이고, 그렇기 때문에 딸기도 좋아하고 그레이프프루트도 좋아하는 사람이라면 선택의 기로에 놓일 때가 허다하다. 둘 중 하나만 좋아하거나 딸기에 알레르기가 있는 경우라면 모르겠지만, 그렇지 않을 경우 둘 사이에서 고민할 때가 많다. 고민의 원천은 그레이프프루트 맛을 억지로 좋아할 수 없다는 것이다. 그레이프프루트에 영양가 높은 비타민이 다량 함유되어 있다는 것이 아무리 여러 차례 입증되어도 그것 때문에 입맛이 바뀌지는 않는다. 유익한 강연이나 영양성분표 덕분에 입맛이 하루아침에 바뀌는 경우는 없지 않은가.

입맛은 천성적이고 원초적인 것이다. 두 사람이 똑같은 음식을 먹는다고 해도 각자가 느끼는 맛은 다르다. 아무리 정성껏 마련한 음식이라 하더라도 그 맛을 평가하는 것은 전적으로 음식을 먹는 이의 몫이다. 맛난 요리를 만들기 위해 노력할 수는 있지만 맛에 대한 상대방의 느낌까지 조종할 수는 없다.

이와 마찬가지로 상대방의 믿음도 조종할 수 없다. 무언가를 믿거나 신뢰하는 것은 감동을 느끼는지 여부와 밀접한 관련이 있다. 가치를 지닌 것이 무엇인지에 대한 토론 대신 어떤 것에 감동을 받았는지에 대해 토론을 하다 보면 사실 사람과 사람 사이에 장벽이 그다지 높지 않다는 것을 깨닫게 된다.

> 믿음, 사랑, 희망과 같은 것들은 조작할 수도, 일부러 만들어 낼 수도 없는 것들이다. 누구도 그런 것들을 가지라고 명령할 수 없다. 그러한 감정들은 자신의 의지조차도 배반한다. 무언가를 믿고 싶다고 믿어지는 것도, 사랑하고 싶다고 사랑할 수 있는 것도, 희망하고 싶다고 원해지는 것도, 그리고 무엇보다 싫은 것을 억지로 좋아할 수도 없다. 그렇기 때문에 누군가에게 '의미에의 의지(will to meaning)'를 요구하기란 너무도 어렵다. 의미에의 의지를 호소한다는 것은 의미 자체만 따지거나, 그것을 각자의 몫으로 돌리는 것보다는 훨씬 더 많은 것을 내포하기 때문이다.

> — 빅터 E. 프랭클,
> 『의료상담. 로고테라피와 실존분석의 기초』

윗글은 프랭클이 우리에게 던지는 본질적인 메시지이자 의미를 찾는 여행자들에게 주는 선물이다. 윗글을 읽고 깨달은 점을 우리 자신뿐 아니라 타인에게도 조심스럽게 고백해 보자. 프랭클의 메시지는 우리가 취할 수 있는 여러 가지 길을 담고 있으며, 자기 내면으로의 여행이 얼마나 가치 있는 것인지를 시사해 준다. 그런데 윗글을 음미하고 나면 아마도 많은 이들이 '의지가 내 마음대로 조종되는 것이 아니라면 내가 할 수 있는 게 뭐지?'라는 질문을 던질 것이다.

이쯤에서 각자 가장 최근에 감동했던 적이 언제인지 상기해 보자. 좋아하는 사람이 감동의 원인이었을 수도 있고, 괜찮은 영화 한 편이나 마음속 활기를 일깨워 준 음악이나 자연이 원인이었을 수도 있을 것이다. 그 외에도 우리를 감동시키는 것들을 꼽자면 끝이 없다. 그러한 감동의 원천을 로고테라피에서는 '가치'라 칭한다.

음악의 가치를 예로 들어보자. 현대인들의 귀는 장르를 불문하고 모든 종류의 음악에 대체로 익숙해 있다. 라인하르트 마이는 「노래는 훌륭한 선물(Welch ein Geschenk ist ein Lied)」라는 곡을 통해 음악이라는 가치가 우리 내부에 어떤 변화를 일으키는지 설명했다. 그는 음악이 울려 퍼질 때 일어나는 변화를 매우 감성적인 시로 표현했다.

마이는 첫 음이 울려 퍼질 때 이미 공간이 살아 숨쉬고, 그것은 마치 마술처럼 모든 것을 떨게 만들고 뒤흔들기 시작하며, 그 무엇도 그 누구도 그 마술에서 벗어나지 못하며, 한 편의 멜로디가 우리를 복잡한 생각에서 해방시키고 영혼을 저 먼 곳으로 이끌어 준다고 노래했다.

우리 마음을 뒤흔들어 놓는 마술이 바로 우리에게 감동을 주는 가치이다. 음악을 제대로 감상하자면 시간을 내야 한다. CD플레이어에 CD 한 장을 넣고 음악을 감상할 수도 있고 연주회에 가거나 하우스콘서트를 개최할 수도 있다. 어느 경우든 간에 음악을 듣겠다는 결심이 전제되어야 한다.

음악이 마술처럼 우리 마음을 뒤흔드는 그 짧은 순간, 우리는 수동적인 자세가 될 수밖에 없다. 음악을 듣는 행위 자체는 능동적이지만 그 음악을 좋아하는 마음을 능동적으로 이끌어낼 수는 없다. 내가 원한다고 해서 클래식이 갑자기 좋아지거나 재즈에 불현듯 빠져들지는 않는다.

음악이 우리를 '건드릴' 때, 다시 말해 음악이 우리를 감동시킬 때, 우리는 조용한 떨림을 느낀다. 그 전율은 지진과 같은 뒤흔들림으로 발전할 수도 있다. 물론 모든 음악을 다 좋아하기는 어렵다. 오히려 어떤 음악은 귀에 거슬리는 것이 더 자연스럽다. 특정 장르의 음악을 억지로, 능동적으로 좋아하라는 요구가 얼마나 터무니없는 요구인지 상상이 가는가?

무언가에 대해 한번 감동을 하고 나면 곧이어 인지 단계로 넘어간다. 감동에서 인지로 전환되는 과정을 감지하기는 어렵지만, 둘 사이에는 분명 미묘한 차이가 존재한다. 무언가를 인지할 때 우리는 능동적이 되고, 어느 순간 갑자기 그것을 인지할 이성이 있다는 것에 기쁨을 느끼게 된다.

인지 단계에서는 이성이 반드시 필요하다. 그래야 우리에게 감동을 준 그 가치에 적극적으로 개입할 수 있기 때문이다. 개입의 다음 단계는 결정이다. 음악을 듣겠다, 혹은 듣지 않겠다고 결정을 내리는 것이다. 이때, 처음의 감동이 클수록 긍정적인 결정을 내릴 가능성도 커진다.

가치 느끼기의 여러 단계

감동	→	감동을 받는다
인지	→	그것을 인지한다
개입	→	거기에 발을 들인다
결정	→	마음을 정한다
행동	→	그것을 실천에 옮긴다

삶의 애인이 된다는 말은 감동을 주는 가치들에 대해 열린

자세를 지니고, 나아가 그 가치를 실현시키겠다는 마음까지 지니는 것을 의미한다. 맛난 음식을 먹거나 훌륭한 연주를 감상할 때 우리는 의미를 체험한다. 의미로 가득한 삶이란 우리의 감각에 와 닿는 가치들을 느끼고 실천하는 것을 의미한다.

감각이 우리에게 선사하는 다양한 선물들에 기쁨을 느끼고 감사하는 마음을 지녀 보자! 여기에서 말하는 감사하는 마음이란 감각을 발전시키기 위해 무언가를 행동으로 옮기는 것을 뜻한다. 어딘가에서 흘러나오는 음악을 흘려듣는 것이 아니라 의식적으로 음악을 감상하는 행위, 내 발전에 도움이 되고 마음의 양식이 되는 책을 읽는 행위 등이 삶의 선물에 감사하는 마음을 표현하는 길이다.

음악, 문학, 건축, 그림, 자연 등을 감상하겠다는 결정은 결국 자기 자신이 내리는 것이다. 그 안에 담긴 가치를 얼마나 느끼고 감동하는지는 의지에 딸린 문제이다. 하지만 그 의지를 억지로 끌어 낼 수는 없기 때문에 모든 것이 마음먹은 방향으로 흘러가지는 않는 것이다.

언젠가 '무언가를 진정으로 원해야 한다'는 강박관념에 대해 세미나를 개최한 적이 있다. 당시 세미나 참가자였던 에르나는 학창시절 자신의 경험에 대해 다음과 같이 발표했다.

"네가 진심으로 원하기만 하면 돼."라는 말을 얼마나 자주 들었는지 몰라요. 하지만 난 도무지 그 말을 이해할 수 없었어요. 전혀 좋아하지도 않는 것을 어떻게 진정으로 원하란 말이죠? 난 예를 들어 물감을 갖고 노는 걸 좋아했어요. 몇 가지 색을 섞을 때마다 새로운 색이 만들어지는 게 놀라울 따름이었죠. 하지만 글자들로 뭔가를 해내기는 쉽지 않았어요. 그냥 남들이 써 놓은 글을 별 생각 없이 읽어 내려가는 수준이었죠.

글쓰기에는 통 자신이 없는 터라 편지 한 통을 쓰는 것보다는 그림을 그리는 것에 더 몰두했어요. 그런데 아버지는 늘 고모가 제 편지를 받으면 기뻐하지만 그림은 잘 이해하지 못하는 것 같다고 하셨어요. 그러던 어느 날, 고모가 우리 집에 오셨길래 내 그림이 어디가 어떻게 이해하기 어려운지 물어봤죠. 그랬더니 고모는 막 웃으시면서 제가 그린 그림을 보며 늘 기뻐했다고 말씀하셨어요. 그러자 아버지는 도무지 자식교육에 도움이 안 된다며 고모를 나무라셨어요.

에르나의 아버지는 딸의 '바람직한' 모습을 이미 머릿속에 그려 놓고 그대로 되기를 원했던 것이다. 의지를 동원해도 싫은 것을 억지로 좋아할 수는 없다는 점을 인정했더라면 아버지와 에르나의 관계는 아마도 달라졌을 것이다.

우리는 대개 배우자나 연인, 부모나 자식에 대해 특정한 기대를 품는다. 그러나 그러한 기대 때문에 진정한 관계가 이뤄지지 않을 때가 많다. 각자의 능력과 각자가 지닌 가능성은 우리가 생각하는 것보다 훨씬 더 다양하고 풍부하다. 남들이 생각하는 내 모습을 고수하려 집착하는 인생은 동물원 우리 안에 갇힌 삶과 같다. 우리에 갇힌 동물은 제한된 공간 안에서 스스로 먹이를 사냥하는 것이 불가능하기 때문에 사람들이 던져주는 먹이에 전적으로 의존한다.

그러나 살아 있다는 것은 "내게는 가능성이 있어! 학교 성적이 그리 뛰어나지는 못했지만 그래도 내게는 가능성이 있어!"라고 말할 수 있는 것이다. 안타깝게도 많은 이들이 자기 안의 가능성은 발견하지 못한 채, 고유하고 독창적인 존재에서 한낱 '복사본'에 불과한 존재로 도태되어 버린다. 그들은 남들이 원하는 모습이 되려고 안간힘을 쓰다가 결국 자기 자신을 잃어버린다. 이와 관련된 우화 한 편*을 살펴보자.

---

* 제임스 애그리 James Aggrey의 우화를 그대로 인용한 것임

「독수리」

어느 사내가 새를 잡아 집으로 가져올 마음으로 숲으로
사냥을 갔다. 그는 어린 독수리 한 마리를 잡아 집에 가져
온 뒤, 암탉과 오리, 칠면조가 함께 갇혀 있는 닭장에 집
어넣었다. 그리고 새들의 왕이라는 독수리에게 닭과 똑같
은 모이를 주었다.

그로부터 5년 뒤, 어느 조류 연구가가 그 집을 방문했다.
함께 집 주변을 둘러보던 중, 조류 연구가가 말했다. "저
새는 닭이 아니라 독수리 아닌가?"

그러자 사내가 대답했다. "맞습니다, 하지만 제가 저 놈을
닭으로 키운 거지요. 이제 저 녀석은 독수리가 아니라 닭
이에요. 비록 날개가 3미터까지 펼쳐진다 해도 말이죠."

그러자 조류 연구가가 이렇게 말했다. "아닐세, 독수리의
마음을 지니고 있으니 저 새는 아직도 여전히 독수리일
세. 그 마음 때문에 아마 공중을 가르며 높이 날아오를 수
있을 거네."

이에 사내가 다급히 조류 연구가의 주장에 맞선다. "아니
에요, 아니라니까요. 이제는 진짜 닭이 되어 버려서 날 수
조차 없다니까요."

둘은 실험을 해보기로 했다. 조류 연구가가 독수리를 위로 치켜들며 주문을 외듯 말했다. "휘이, 독수리야, 너는 하늘에 속한 동물이지 땅에 속한 동물이 아니다. 그러니 어서 날개를 활짝 펼치고 날아오르려무나!"

그러나 독수리는 발톱을 한껏 치켜세운 채 주변을 둘러볼 뿐, 날아오를 기미를 보이지 않았다. 뒤편에서 닭들이 모이를 쪼고 있는 모습을 발견한 독수리는 그쪽을 향해 사뿐히 내려앉았다. 사내는 의기양양하게 말했다. "제가 뭐랬습니까, 저놈은 분명 닭이라니까요."

하지만 조류 연구가도 고집을 꺾지 않았다. "그럴 리 없소, 저건 분명 독수리요. 내일 다시 한 번 실험해 봅시다."

다음날 조류 연구가는 독수리를 안은 채 지붕 위로 올라간 뒤, 어제와 마찬가지로 독수리를 높이 치켜들고 이렇게 말했다. "독수리야, 독수리야, 날개를 활짝 펼치고 날아올라라!" 하지만 농장 한편에 모여 있는 닭 무리를 발견한 독수리는 다시 사뿐히 내려앉아 닭들 곁으로 향했다.

사내는 "제가 뭐랬습니까, 닭이 맞다니까요"라며 당당해했지만 조류 연구가의 고집도 만만치 않았다. "아니야, 저놈은 독수리야, 아직도 분명 독수리의 마음을 지니고 있어. 한 번만 더 실험을 해 보세. 내일은 분명 저 녀석을 날

게 만들고 말 테니까."

다음날 아침 조류 연구가는 서둘러 일어나 독수리를 안고 시내를 빠져나가 사내의 집에서 멀리 떨어진 높은 산자락에 이르렀다. 이제 막 떠오른 태양이 산 정상을 황금빛으로 물들였다. 봉우리란 봉우리는 모두 다 화창한 아침의 기쁨을 한껏 발산하고 있었다. 조류 연구가는 독수리를 높이 들고 말했다. "독수리야, 독수리야, 너는 분명 독수리란다. 너는 이 땅이 아닌 하늘에 속한 동물이다. 날개를 펼치고 날아올라라!"

독수리는 주변을 한번 둘러보더니 온몸을 부르르 떨었다. 그 모습이 마치 생명력에 휘감긴 듯했다. 하지만 독수리는 날아오르지 않았다. 이에 조류 연구가는 독수리의 눈빛이 태양을 향하게 만들었다. 그러자 불현듯 독수리가 거대한 날개를 활짝 펼치더니 독수리 특유의 울음을 내뱉으며 몸을 치켜 올리면서 높은 곳을 향해 날아올랐다. 한번 날아오른 독수리는 아무리 기다려도 되돌아오지 않았다. 아무리 닭과 함께 키우고 닭으로 길을 들였어도 그 새는 분명 독수리였던 것이다!

이 이야기는 아프리카에서 전해지는 것으로, "아프리카의

민족들이여! 우리는 신의 형상을 따라 만들어졌노라. 인간은 우리를 닭처럼 생각하게끔 가르쳤고 분명 독수리임에 틀림없는 우리 자신조차도 우리가 진정 닭이라 믿어 왔노라. 이제 날개를 펼치고 날아오를지어다! 바닥에 던져진 모이에 절대 만족하지 말지어다!"라는 호소문으로 끝맺는다.

다른 사람이 만든 내 모습을 떨쳐 버리기 위해서는 먼저 먼 곳을 내다볼 수 없게 만드는 눈가리개부터 떼어 내야 한다. 우리 자신에게, 혹은 타인에게 싫은 것을 억지로 좋아하라고 강요하지 않으려면 지금까지와는 다른, 새로운 길을 가야 한다. 이러한 마음가짐으로 길을 걷다 보면 새로운 길이 눈에 들어온다. 약간의 용기만 있다면 신기한 경험도 할 수 있을 것이다. 어쩌면 그 길에서 삶에 대한 믿음과 따스함을 발견할 수도 있을 것이고, 열린 마음만 있다면 사랑할 수 있는 능력도 한층 확대될 것이다.

누군가를 진심으로 사랑한다면, 진정한 사랑을 할 수 있는 능력을 지닌 사람이라면 상대방에게 내가 기대하는 모습으로 변화하라는 요구를 하지 않는다. 부모가 자녀에게, 혹은 자녀가 부모에게 품는 기대 때문에 둘 사이의 관계가 평생 원만하지 못한 것도 결국 진정한 사랑이 결핍되어 있기 때문이다.

82세인 안나는 현재 요양원 신세를 지고 있다. 안나에게 는 아들이 둘, 손주가 셋 있다. 장남인 라인하르트가 요양 원에 들르는 일은 거의 없다. 장거리 화물을 운전하느라 집에 있을 때가 드물기 때문이다. 안나는 장남의 직업을 늘 마음에 걸려 했다. 요양원의 직원인 마를리스는 그러 한 안나의 근심을 잘 안다. 라인하르트가 그 직업을 택할 때 더 강력하게 말리지 못한 것이 한이 된다는 말을 안나 가 자주 했기 때문이다. 어느 날 마를리스가 안나에게 물 었다. "아드님께서는 어떤 계기로 화물차 운전수가 되기 로 결심하게 된 거예요?" 그러자 안나는 아들이 원래부터 자동차에 관심이 많았고, 특히 중장비 차량에 대한 열정 은 아무도 못 말릴 정도였으며, 실제로 거대한 트럭을 다 루는 솜씨도 뛰어났다고 말했다. "나야 상업학교에 진학 하라고 노래를 불렀지, 그래야 좀 더 편하게 살 수 있을 거니까 말이야. 고등학교 졸업 후 실제로 잠깐 동안 은행 에서 일하기도 했어. 그런데 그 돈으로 글쎄 운전면허증 을 땄지 뭐야. 면허증을 따고 나니 금세 일자리를 구했고 그 이후부터 지금까지 줄곧 전 유럽을 누비고 다니는 거 지."

마를리스는 라인하르트 자신이 그 직업에 만족하는지도

물어보았다. 그러자 안나는 아무런 대꾸도 하지 않았다. 마를리스는 침착하게 기다렸다. 그러자 안나가 어느 순간, 침묵을 깨고 이렇게 말했다. "아직 거기에 대해서는 미처 생각을 못해 봤어. 그저 걱정만 했을 뿐이야. 며느리가 아이들을 혼자 키우다시피 하는 것도 마음에 걸렸고. 그런데 글쎄, 그 아이가 자기 직업에 만족할까? 아니야, 그렇지는 않을 것 같아."

"물어 보신 적이 있으세요?"

"뭘 물어 봐?"

"자기 직업에 만족하느냐고 말이에요."

"아니. 안 물어 봐도 뻔해. 그렇게 계속 여기저길 돌아다녀야 되는 직업에 만족할 리가 없잖아?"

"글쎄요, 전 잘 모르겠어요. 사실 저도 그 직업이 마음에 들지는 않아요. 하지만 아드님 자신은 그 직업에 전적으로 만족할 수도 있잖아요?"

"말도 안 되는 소리야. 다들 집에 있는 걸 좋아하지, 누가 집 떠나 있는 걸 좋아해? 그런데 그 아이는 계속 집을 떠나 있어야 한단 말이야."

그 대화가 있은 후, 주말이 되자 라인하르트가 간만에 집으로 돌아와 어머니가 계신 곳을 찾았다. 안나의 방에서 나오는 라인하르트가 그 방에 막 들어가려던 마를리스와 부딪쳤다. 라인하르트는 감탄의 눈빛으로 마를리스에게 물었다. "대체 어머니 마음을 어떻게 움직인 거죠?"

"무슨 말씀이신지……?"

"제가 트럭 운전을 좋아한다는 사실을 어머니께 말씀드리지 않았어요?"

"아, 맞아요, 하지만 방금 말씀하신 그대로는 아니에요. 아드님이 자신의 직업에 만족하고 있을 수도 있다는 언급을 했을 뿐이죠. 생각을 해 보시도록 자극을 준 것뿐이에요."

"어쨌든 놀라워요. 저도 지난 30년 동안 제가 얼마나 제 직업을 좋아하는지 제발 이해해 달라고 설득했어요. 하지만 아무 소용이 없었답니다. 절더러 가족에 대한 책임은 저버린 채 자기 생각만 하는 이기주의자라고 나무라시기만 했죠. 그런데 이제 어머니도 많이 늙으셨는지, 이 직업이 마음에 드느냐고 물으시네요."

무엇이 옳은지를 아는 것과 무엇이 중요한 것인지를 느끼는 것은 두 개의 동떨어진 세계와도 같다. 지식이라는 세계는 측정과 입증, 예측과 비교를 통해 유지된다. 지식은 서로 교환할 수 있는 것, 토론이 가능한 것이다. 그렇기 때문에 많은 이들이 더 많이 아는 사람일수록 할 말도 더 많다고 착각하곤 한다. 그리고 그 착각은 다시 사람과 사람 사이의 커뮤니케이션이 정해진 어떤 틀에 따라 이뤄진다는 오해로 이어진다. 정해진 커뮤니케이션 방식이 도움이 될 때도 있다. 하지만 그 틀이 애정에서 우러나오는 태도를 대신할 수는 없다. 그 틀이 부족한 감정이입 능력을 상쇄하는 것은 더더욱 아니다.

살아가다 보면 삶이 우리에게 너무나도 많은 질문을 쉴 새 없이 던지는 바람에 어디에서부터 어떻게 시작해야 좋을지 모를 때가 있다. 아래의 시는 바로 그럴 때 우리 마음에 작은 위안을 주는 청량제 역할을 한다.

> 머리와 가슴이 윙윙거릴진대
> 더 이상 무엇을 바라겠는가.
> 더 이상 사랑하지도 방황하지도 않는 자는
> 차라리 무덤에 파묻힐지어다!
>
> — 요한 볼프강 폰 괴테

🍵 자기 삶의 주인이 되는 5분 명상

중요한 것은 경계를 밀어내는 것이 아니라

경계가 지닌 무언가를 갈라놓는 특성을 제거하는 것이다.

— 리하르트 폰 바이체커

- 필요치 않은 순간에 굳이 강인한 의지를 동원하지 말자.

- 이제 잠을 자야겠다는 결심은 할 수 있지만 잠들라는 명령은 내릴 수 없다는 사실을 분명히 인식하자.

감정과 감각

"너무 그렇게 감정적으로 나오지 마!" 내 감정 때문에 위협을 느낀 상대방이 이런 말을 하는 것을 많이 들어 봤을 것이다. 그런가 하면 "어쩜, 넌 감정도 없니?"라는 말을 들어 본 적도 많을 것이다. 때로 내가 너무도 이성에 치우치고 있다 싶을 때면 이 질문을 내 자신에게 스스로 던져야 할 때도 있다.

"네 감정을 믿어!" 혹은 "직감을 따르는 게 좋아."라는 말에서 '감정'이나 '직감'은 우리가 믿고 의지할 수 있는 곳, 즉 인간으로서의 고향을 의미한다. 이 고향은 지리적인 의미에서의 고향이 아니다. 내가 사랑하는 사람이 지금 내 곁에 있는지의 여부와도 무관하다. 빅터 E. 프랭클은 눈에 보이지 않는 이 인간의 고향을 '영적 차원(spiritual dimension)'이라 칭했다. 괴테역시 『파우스트』에서 영적 차원에 대해 다룬 바 있다.

당신의 눈을 들여다보고 있노라면,
모든 것이 당신의 머리와 가슴으로 밀려들어오고 있지 않소?

그리하여 영원한 비밀에 휩싸인 채

보일 듯 말 듯 당신 곁을 떠돌고 있지 않소?

그것으로 당신 가슴을 채우시오, 아무리 그 가슴이 넓다

하더라도 말이오.

그리하여 그 느낌 속에서 행복해진다면,

그것을 당신 내키는 대로 불러도 좋소.

행복! 마음! 사랑! 신! 무어라 불러도 좋소.

나는 그것을 무어라 불러야 좋을지 알 수 없소!

중요한 것은 감정일 뿐,

이름은 공허한 울림과 연기일 뿐이라오.

괴테는 '중요한 것은 감정일 뿐'이라 했다. 이 책에서는 그 말을 '중요한 것은 감각일 뿐'이라 바꿔 말할 수 있겠다. 독일어의 표현이 풍부하다고 자부하지만, 그럼에도 불구하고 괴테가 말하는 그것을 '감정'이나 '감각' 외의 다른 말로 어떻게 표현해야 좋을지 전혀 떠오르지 않는다.

영적 차원, 즉 우리의 감각은 배움이나 앎의 정도와는 무관하다. 인간의 고유 영역인 영적 차원은 유쾌한 감정이나 불쾌한 감정에도 영향을 받지 않는다. 사실 이런 것들을 말로 표현

하기란 거의 불가능에 가깝다. 우리의 이성에게 영적 차원을 설명하자니 어쩔 수 없이 말이라는 수단을 동원해야 하는 것뿐이다. 이성은 영적 차원을 감각적으로 느끼지 못한다. 하지만 예컨대 신뢰가 무슨 뜻인지는 안다. 근원적 신뢰는 마음속 저 깊은 곳에서 우러나오는 삶의 원천이다.

자분정(artesian well)이란 말을 아는가? 프랑스의 지명 '아르투아(Artois)'에서 이름을 딴 이 분수는 오직 지하수의 수압만 이용해 물을 흘려보낸다. 자분정은 주변보다 지대가 낮은 지역에서만 찾아볼 수 있다. 우리의 감각도 자분정과 마찬가지로 감정보다 더 깊은 곳에 위치한다.

콘라트 페르디난트 마이어는 깊은 곳에서 물이 샘솟는 현상을 「로마의 분수(Der römische Brunnen)」라는 시로써 묘사했다.

> 빛줄기가 상승하더니 낙하하듯 쏟아 붓는다,
> 둥그런 대리석 원반 가득히.
> 원반은 베일을 드리우듯 넘쳐흐른다,
> 첫 번째 원반을 향해 아래로.
> 두 번째 원반은 그 많은 물을
> 세 번째 원반에게 나누어 준다, 넘치듯이.

모든 원반이 물을 취하는 동시에

흘러넘치며 고요히 머무른다.

어쩌면 이 시가 인간존재의 세 가지 차원을 이해하는 데에
도움이 될 수도 있겠다. 영적 차원은 분수대 중 가장 위쪽의
원반에 해당되고, 그 생명력과 충만함은 깊은 곳에서 비롯된
다. 즉 영적 차원은 가장 높은 곳에 위치하는 동시에 가장 깊
은 곳에 위치하기도 하는 것이다. 나아가 영적 차원은 영혼과
육체의 중심을 관통한다. 우리 영혼과 육체는 결국 가장 높은
원반의 충만함을 양식으로 취하는 것이다.

영적 차원의 기저에는 사랑, 신뢰, 신의, 진리, 감사, 기쁨 등의 가치가 기거한다. 우리의 감각은 그 깊은 곳으로 이어지는 발자취, 다시 말해 확고부동하고 흔들리지 않는 삶을 가능케 해 주는 그 발자취를 희미하게 예감한다.

유쾌함이나 불쾌함 등의 감정은 심리적 차원에 속한다. 유쾌함과 불쾌함 사이에는 벌 받을 것에 대한 두려움과 상 받을 것에 대한 희망이 존재하고, 타인의 마음에 드는 행동을 하라는 자극 역시 심리적 차원에서 비롯된다. 그러나 사랑과 신뢰는 처벌을 두려워하지 않고, 진리와 신의는 보상을 계산에 넣지 않으며, 감사와 기쁨은 타인의 마음에 드는 것을 목표로 삼지 않는다.

자신의 감각을 믿어라

살아 있는 것을 인식하고 묘사하려는 자는

우선 정신부터 내쫓으려 한다네,

그러고 나면 손 안에 그것들을 갖게 되지만

안타깝게도! 정신적 끈이 결여되고 만다네.

– 요한 볼프강 폰 괴테

기계의 가치는 제대로 작동하는 데에 있고 자연과학의 가치
는 구체적 입증에 있다. 그러나 생명의 가치는 기능이나 증거
로 측정할 수 없다. 생명의 가치는 다양성과 차이점의 조화에
있다. 즉 다양성이나 차이점을 포기함으로써 공생이 가능한
것은 아니라는 뜻이다. 그런데 안타깝게도 요즘 시대를 살아
가는 우리에게는 인간이 지닌 모든 비밀을 파헤치고 싶어 하
는 경향이 있다.

앞서 나온 로마의 분수를 머릿속에 다시 한 번 그려 보자. 거
기에서 영적 차원은 가장 높은 것인 '동시에' 가장 깊은 차원

이었다. 영적 생명력은 육체적 차원과 영적 차원을 이어주는 끈과 같다. 우리 감각 기저에는 원초적 샘, 즉 우리의 모든 의지가 비롯되는 '성지(聖地)'가 존재한다. 우리의 모든 결정과 행동을 주관하는 열정 역시 그 샘에서 비롯되는 것이다. 그러한 감각은 '품질 보증'으로 얻어지는 것은 아니지만 분명 '품질 마크'는 지니고 있다. 우리의 감각은 승자나 패자를 차별하지 않는다. 무언가가 유용하다고 해서 더 끌리는 것도, 계산 속에 휘둘리는 것도 아니다.

인간의 본질적 차원은 영적 차원이고, 영적 차원은 피부색이나 출신을 따지지 않는다. 영적 생명력은 학자를 우대하지도, 대학 문지방을 밟아 본 적이 없는 이를 차별하지도 않는다. 많이 배운 사람이라면 자신의 전문 분야에 대한 질문에는 거침없이 답할 수 있겠지만, 삶이 던지는 질문에도 일말의 막힘없이 답을 제시할 수 있을지는 의문이다. 학교를 많이 다녔고 전문 분야에 정통하고 사회적으로 성공한 연구원이라 해서 반드시 지혜로운 사람이라 할 수는 없다. 지식의 정도가 지혜의 척도는 아니다. 앤서니 드 멜로는 이를 다음의 일화로 설명했다.

"모든 인간은 거의 똑같이 뛰어나거나 똑같이 못났느니

라." 사람에게 등급을 매기는 것을 끔찍이도 싫어하던 스승이 말했다.

그러자 제자가 강력히 이의를 제기했다. "스승님, 어찌하여 학식 높은 자와 무지한 자를 똑같이 여길 수 있습니까?"

"우리 모두가 태양으로부터 똑같은 거리만큼 떨어져 있기 때문일세. 자네가 마천루 꼭대기에 산다 한들 어디 그 거리가 좁혀지겠는가?"

때로 우리는 어떤 자리에서 겉으로 보기에는 분명 즐거워해야 할 이유들만 있음에도 불구하고 심기가 불편해질 때가 있다. 그 이유는 쉽게 설명할 수 있다. 누군가와 같이 있을 때 지루함이나 불편함이 고개를 드는 것은 대개 상대방이 몸은 그 자리에 있지만 정신이 다른 곳에 가 있기 때문이다. 분명 거기에 있으면서 거기에 없기도 한 것이다. 그런 사람과는 아무것도 시작할 수 없다. 같이 무언가를 하는 것은 엄두도 못 내고 제대로 된 대화조차 시작하기 어렵다. 아무리 주제를 바꿔 가며 노력해도 대화가 아닌 독백으로 끝나기 일쑤이다. 그런 자리는 피곤할 수밖에 없다. 상대방과 접촉해 보려는 모든 시도가 물거품이 되고 만다. 그 상대방은 아마도 모든 것을 가졌지만 어떤 것에도 만족하지 않는 사람일 수도 있다. 그 어떤 것에도 마음을 주지 않는 사람과 진정한 대인관계가 이루어질 리 없다.

사람과 사람 사이의 관계를 잘 알려 주는 것 중 하나가 바로 악수이다. 손과 손을 맞잡을 때 우리는 말보다 더 큰 것을 느낄 수 있다. 독자들도 아마 악수를 하려고 손을 내밀었다가 손을 맞잡은 느낌이 어색해서 견딜 수 없었던 적이 있을 것이다. 분명 손을 잡고 있기는 하지만 그 손에 힘이 하나도 들어가 있지 않은 것이다. 혹은 그와는 정반대로 손을 너무 꽉 잡거나 너무 오래 잡고 있는 사람도 있다. 가장 알맞다고 여겨지는 순간보다 조금만 더 길어져도 친근함의 표시가 되어야 마땅할 악수가 부담으로 전환되고 만다.

실제로 상대방의 손을 평소보다 조금 오랫동안 잡고 있어 보라. 상대방이 황급히 손을 빼는 것이 느껴질 것이다. 이는 그 사람이 부담을 여길 정도로 너무 다가갔다는 뜻이다. 그러한 부담을 극복해야 진정 친근함을 느낄 수 있다는 주장도 있다. 어쨌든 친근함이냐 부담이냐 하는 느낌은 자로 잴 수 있는 것이 아니다. 사람과 사람 사이의 거리를 센티미터로 측정할 수는 없지 않은가. 좋아하는 사람이 곁에 있을 때 편안함과 친근함을 '느낀다'는 정도로밖에 달리 설명할 길이 없다.

열심히 움직여야 체력이 향상된다는 믿음 때문에 우리는 가끔 우리 몸을 혹사한다. 하지만 그 속에는 조용한 경고의 목소리도 담겨 있다. 그러나 우리들 대부분은 그러한 경고를 무시하도록 훈련 받아 왔다. 건강한 몸, 건강한 몸매야말로 이 시대의 트렌드가 아니던가. 그러다가 사고를 당하거나 심장마비를 겪어야 적은 것이 더 많은 것이라는 것을 깨닫는다. 그런 가운데 우리가 잃어버리는 것이 비단 신체적 감각만은 아니다. 무리한 운동이 건강에 도움이 된다는 착각은 우리의 뇌에도 상처를 남겼다. 심장마비를 극복한 후 가벼운 운동을 시작한 사람이라면 맥박계를 이용하는 것이 좋다. 머릿속의 착각을 맥박계로 확인할 수 있기 때문이다. 그러면서 운동의 강도를 조절하고 감각도 재발견할 수 있다. 운동의 강도를 전적으로 자기 느낌에 맡긴답시고 그 어떤 기계의 도움도 거부하는 태도는 바람직하지 않다. 오히려 기계가 무뎌진 감각을 서서히 변화시키는 계기가 될 수 있다.

그런데 신체적 부담은 맥박계로 조정한다지만 심리적 부담은 무엇으로 조정할 수 있을까? 영혼이 편안함을 느끼는 수준 이상으로 이성을 내세우다 보면 감각에 부조화가 일어난다. 악기를 조율하듯 우리 마음에도 조율이 필요하다.

영혼을 조율하는 조율사는 바로 시간과 내면의 귀이다. 영혼의 불협화음이 내면의 귀에 들리는 한, 조율은 가능하다. 문제는 불편한 심기를 우리 스스로 알아채지 못하는 것이고, 그 경우 주변 사람들은 더더욱 피곤을 느낄 수밖에 없다.

영혼의 불협화음을 무엇으로 인식할 수 있을까?

> 끊이지 않는 불쾌감은 자신에게 정해진 바에
> 위배되게 살고 있다는 분명한 신호이다.
> – 호세 오르테가 이 가제트

● 겉으로 보기에는—가정에서나 직장에서나—모든 것이 정상이다. 그럼에도 불구하고 왜 불쾌감이 가시지 않는 걸까? 이러한 영혼의 불협화음은 주로 다음과 같은 상황에서 드러난다.

● 우리 앞에 삶과 세계를 제시하는 가치 있는 것들에 대한 열정과 관심이 부족하다.

● 사람을 만나고 싶은 마음이 사라진다. 내가 좋아하는 사람조차 피하게 된다.

● 무엇으로도 설명할 수 없는 허전한 마음이 든다. 논리적으로 따져 보면 넘치는 것도 모자라는 것도 없는데 그럼에

도 불구하고 마음 한쪽이 텅 빈 듯한 느낌이 든다.

조화로운 감정의 자취를 찾아 나선 길,
지혜의 징조는 명랑한 기분 단 한 가지뿐이다.
– 미셸 드 몽테뉴

● 내 생각이 한 가지 사건에 '고정되어' 있다는 느낌이 들 때까지 한 시간, 하루, 일주일을 되돌아보자.

● 존경심을 지니고 그 사건을 바라보자. '존경심(respect)' 의 어원은 라틴어의 'respicere'이고, 그 뜻은 '다시 한 번 그곳을 바라보다'이다.

● 바라보았더니 무엇이 나타나는가? 화, 분노, 실망, 슬픔 같은 것들이 등장하는가?

● 어떤 감정이 등장하든 간에 그 감정을 그대로 흘러가게 내버려 두면서 각각의 감정에 대해 질문을 던져 보자.

● 나와 내 감정을 있는 그대로 받아들이고 굳이 평가하려 애쓰지 말자. 무엇보다 폄하는 절대금물이다.

● 내가 인지하지 못하는 감정들 하나하나가 모두 다 내가 꺼뜨려 버린 별빛이라는 헤세의 말을 다시 한 번 상기해 보자.

조화로운 감정을 찾아 나선 여정에서 우리는 극복이라는 배도 타게 된다. 무언가를 이겨 내는 정신은 예기치 않았던 불쾌한 일을 맞이했을 때나 자기 자신에 대해 화가 날 때면 특히 더 유용하다. 프랭클은 "모든 제약을 다 뛰어넘을 자유, 심지어 가장 화나게 만들고 가장 힘든 조건과 환경에도 맞설 인간의 자유는 바로 극기정신이다"라 말했다. 누구나 이 극기정신을 실제 생활에서 발휘할 수 있다. 단, 거기에는 한 가지 조건이 붙는다. 먼저 우리가 우리에게 주어진 여건과 조건보다 더 큰 존재라는 것을 인식해야 한다는 것이다.

알베르트는 3년 전에 퇴직했다. 그때까지 알베르트의 관심은 오로지 일뿐이었다. 친구들을 만날 짬조차 없었고 아이들은 이미 오래전에 부모로부터 독립해서 집을 나간 상태였다. 퇴직 후 첫 2년 동안 알베르트는 늘 기분이 나빴고 불평도 늘었다. 부족한 것이 없었건만 그럼에도 불구하고 기분이 늘 언짢았다. 그런데 알베르트의 기분이 나쁘거나 말거나 아내는 유쾌한 기분을 늘 유지했다.

그러다가 1년 전, TV에서 우연히 빅터 E. 프랭클의 탄생 100주년을 기념하는 다큐멘터리를 보게 되었다. 인터뷰에서 프랭클은 "왜 나를 둘러싼 모든 것을 있는 그대로 받아들여야 합니까?'라는 말을 했다. 그 말은 알베르트에게 적잖은 충격을 주었다. 알베르트도 자기 자신에게 물었다. "난 무엇 때문에 이 나쁜 기분을 있는 그대로 받아들이고 있지? 그래, 두고 보겠어, 그런 나와 또 다른 나 중 누가 더 강한지!"

무언가를 이겨 내는 정신력은 좋지 않은 습관을 바꾸려 할 때 시급히 필요한 덕목이다. 우리 뇌는 평생학습이 가능하기 때문에 누구나 마음만 먹으면 언제든지 지금까지의 습관을 바꿀 수 있다. 거기에 남녀 구별이 있는 것도 아니다. 중요한 것은 변화의 시작점을 우리 자신으로 삼아야 한다는 것이다.

'가만히 기다리면 불쾌한 기분이 사라지겠지, 언젠가는 그 모든 책임을 남 탓으로 돌리지 않게 되겠지'라는 생각은 착각에 불과하다. 오히려 이렇게 묻고 답하는 것이 문제를 해결하는 빠른 길이다. "나를 둘러싼 모든 것을 있는 그대로 받아들여야 할까? 나쁜 기분까지도 수용해야 할까? 내 안의 화나 분노, 불쾌감과 내 자신 중 누가 더 강한지 어디 두고 보자고!" 내 자신, 나아가 내 진정성(authenticity)에 대한 지배권은 누구도 앗아갈 수 없는 나만의 고유한 재산이다. 때로 그 진정성의 원천이 실망이나 운명, 악몽 같은 것들에 가려질 뿐, 어디까지나 그것은 내 안에 존재하고 내 곁을 떠나지 않는다.

'그럼에도 불구하고'라며 모든 것을 극복하는 힘은 영적 차원에 속한다. 이 힘은 심리적 차원과 교차된다. 즉 영적 차원은 우리가 진정한 존재인지 아닌지 여부를 판가름하는 차원이요, 심리적 차원은 유쾌한 기분과 불쾌한 기분을 구분 짓는 차원인 것이다.

유쾌한 상황이든 불쾌한 상황이든 둘 다 진정성을 지니고 있을 수 있다. 그것을 인지할 수 있는 사람이라면 어떤 상황에서든 침착과 여유를 지닐 수 있다.

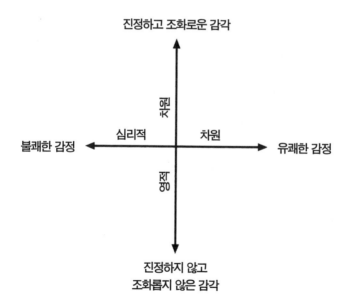

여유는 우리 안의 깊은 곳에 내재하는 감각이 우리 자신과 일치할 때 발휘되는 것이다. 때로는 불쾌한 대화를 하는 와중에도 그 상황의 진정성을 느낄 수 있다. 감각이 조화를 이룰 때 우리가 우리 존재에 한 발짝 더 가까이 다가가기 때문이다. 그러한 본질을 체험하는 가운데 삶의 기쁨이나 슬픔 중 하나를, 혹은 기쁨과 슬픔을 동시에 느낄 수 있다. 『어린 왕자』의 저자인 생텍쥐페리는 정신적 의미를 진정한 것으로, 그리고 정신의 동요를 진정하지 않은 것으로 해석했다.

어떻게 하면 정신적 의미, 정신적 동요를 인간에게 되돌려 줄 수 있을까? 그레고리안 성가 같은 것을 끊임없이 들려주면 될까? 우리는 더 이상 냉장고, 정치, 재무제표, 십자말풀이만으로는 살 수 없다. 더 이상은 그럴 수 없다. 우리는 더 이상, 시와 색채와 사랑 없이 살 수 없다. 정신의 삶이 있다는 것을 재발견할 때가 왔다. 그것은 이성의 삶보다 더 상위에 있는 것으로서, 인간만이 그것을 통해 만족을 얻을 수 있다.

- 생텍쥐페리, 『무한한 밤에 앞선 빛의 인사
(Lichtgrüße vor der unendlichen Nacht)』

감탄과 '좋은 일'

아직 감탄하고 열광할 수 있는 이라면 젊은 것이다. "그래
서요?"라는 질문을 던지며 만족을 모르는 어린아이와 같
은 사람, 어떤 일에든 맞설 수 있는 사람, 삶이라는 놀이
에서 기쁨을 느끼는 사람이라면 모두 다 젊은 것이다.

- 마르쿠스 아우렐리우스

감각에 대한 믿음이 깊을수록 감탄할 수 있는 능력도 커진
다. 감탄은 누가 가르쳐 주어서 몸에 배는 것이 아니다. 오히
려 아무리 자기 자신을 재촉해도 도저히 얻어지지 않는 영역
에 속한다. "제발 좀 기뻐해 봐!", "넌 고맙지도 않니?" 같은
말을 듣는다 해서 감정의 변화가 일지는 않는다. 이제 우리는
기쁨과 감사의 마음이 영적 차원에 속하는, 그중에서도 가장
깊은 곳에 내재하는 것이라는 것을 잘 안다. 이러한 인간적 가
치들은 의도적으로 내 마음속 어딘가에 주소를 정할 수도, 명
령으로 억지로 자리 잡게 만들 수도 없다. 그러나 무언가에 대

해 기뻐하는 능력은 누구나 다 알고 있는 능력이다. 그 속에는 삶에 대한 경외심이 담겨 있다.

독자들도 다음 질문에 한 번 답해 보기 바란다. 마지막으로 감탄한 적이 언제였던가? 멋진 것을 보고 가장 최근에 열광한 게 언제였던가? 멋진 것을 보면 열광할 수 있는 능력이 내게 남아 있기나 한 걸까? 열정을 발산할 수 있는 한, 우리는 젊음을 유지하는 것이다. 비록 내 몸이 내 뜻대로 움직여 주지 않는다 하더라도 열정이 있는 한 젊음도 거기에 함께 존재한다.

삶을 일종의 놀이로 간주한다면 두려움과 걱정은 줄어들 것이다. 아리스토텔레스는 『니코마코스 윤리학』에서 "쉼을 주는 휴식과 유쾌한 놀이는 삶에 꼭 필요한 것이지 싶다."라고 말했다. 내면의 영적 능력을 '놀이'로 표현한 것은 탁월한 선택인 듯하다. 물론 놀이라고 해서 반드시 가벼워야 하는 것은 아니다. 놀이 역시 진지할 수 있다. 심각한 문제를 진지한 놀이로 해결하는 것은 어떤 대가를 치르더라도 목표를 달성하고야 말겠다는 경직된 태도나 필사적 몸부림과는 다르다. 어떤 목표를 추구하는 마음 기저에는 진지함 외에도 굽힘 없는 정신, 확고부동한 목표의식, 끈기, 인내심 등이 깔려 있다. 삶을 일종의 놀이로 보는 정신이 내 안에 담겨 있는지 여부는 다음 질문들을 해 보면 알 수 있다.

내게 필요한 것이 굽힘 없는 정신일까 고집일까?

내게 필요한 것이 확고부동한 목표의식일까 오만일까?

내게 필요한 것이 끈기일까 완고함일까?

내게 필요한 것이 인내심일까 불평불만일까?

우리한테 무엇보다 필요한 것은 '좋은 일'이다.

좋은 존재라는 것은 좋은 일이다.

어떤 좋은 일을 위해 존재한다는 것은 좋은 일이다.

어떤 좋은 일을 위해 존재한다는 것은 좋은 존재라는 뜻이
다.

그러나 그 일이 진정 좋은 일일까 하는 질문,

대체 누구를 위해 좋다는 말일까 하는 질문은 좋지 않다.

그러다 보면 그 일이

전혀 좋지 않다는 것으로 드러날 수 있기 때문이다.

더 이상 좋은 일을 위해 존재할 수 없다면 어떻게 내가 좋
은 존재가 되겠는가?

따라서 나는 내 좋은 일을 의문에 부치라고 사주하는 이들
에게는 더 이상 좋은 존재가 될 수 없다.

이제는 제발 깨닫는 것이 내게 좋을 것이다,

좋은 일을 의문에 부치는 질문 모두가

잘못된 질문이라는 사실을 깨닫는 것이 좋다는 것을 말이다.

– 에리히 프리트[5]

어떤 좋은 일에 대한 열정은 가치관에서 비롯되고, 그 일을 실천하는 데에는 이성이 필요하다. 우리는 절망을 통해 인내심을 훈련하고, 좋은 일을 실현함에 있어서도 난관에 부닥칠 수 있다는 것을 그 과정에서 깨닫는다. 내가 하는 좋은 일 속에 등장하는 난관들을 극복하기 위해서는 기적도 필요하지만 인생관으로서의 유머 역시 없어서는 안 될 요소이다.

굽힘 없는 정신과 확고부동한 목표의식, 끈기와 인내심 등과 마찬가지로 유머도 영적 차원에서 샘솟는 것이다. 그런데 제아무리 긍정적 특징이라 하더라도 거기에도 역시나 한계는 존재한다. 그러한 한계를 무시할 때 굽힘 없는 정신은 고집으로, 끈기는 완고함으로 변질되어 버린다. 때로 우리 머리로는 좋다고 생각되는 일도 실은 좋은 일이 아닌 때가 있다. 우리의 상상력은 일그러진 유머나 왜곡된 광신주의라는 가면에 포장될 때가 많다. 그 가면은 확고부동한 목표의식이 오만으로 변

---

5) ⓒ Verlag Klaus Wagenbach, Berlin 1974.

질되었다는 사실을 깨달을 때 비로소 우리의 얼굴에서 떨어져 나간다.

오만과 자기인식이 서로 손을 맞잡는 경우는 거의 없다. 자기를 인식하고자 하는 마음은 진정성을 요구하지만, 오만은 이에 대해 극도의 불쾌감만 느낄 뿐이다. 오만은 권력과 쾌락만을 쫓을 뿐, 진정한 것에 대해서는 열린 자세를 지니지 않는다. 오만은 자화자찬, 건방짐, 허영심, 교만의 친구이다. 라틴어의 'superbia(교만)'은 그 모든 특징을 아우르는 대표적 개념이다. 4세기 경, 아우구스티누스는 교만이 악의 근원이라 설파했다. 그러나 아무리 엄청난 권력을 지닌 오만한 자라 하더라도 상처 받는 것에 대한 무기력함으로부터 자유롭지는 않다.

자 기 삶 의 주 인 이 되 는 5 분 명 상

학문적 발전의 지속은 결국

감탄할 만한 것들로부터의 끊임없는 도피에서 비롯된다.

– 알베르트 아인슈타인

- 감탄할 수 있는 능력은 오만으로부터 자기를 보호하는 최고의 방법이다.
- 나는 어떤 것들에 감탄하는가?
- 할 말을 잃을 정도로 나를 감탄시킨 상황이 있었던가?

삶의 기술로서의 유머

유머는 자기보존을 위한 싸움에서 영혼이 활용하는 무기이다. 인간 존재를 결정하는 것들 중 어떤 사건에 대해 거리를 두고 그 상황을 극복할 수 있게 해 주는 데에 유머만큼 적합한 수단은 없다, 비록 그 순간이 몇 초에 지나지 않는다 하더라도.

– 빅터 E. 프랭클

어려운 시절을 이겨 내는 데에 유머만한 명약이 없다. 순간적으로 어려운 상황을 잊게 해 줄뿐이라고는 하지만 그 몇 초의 순간은 마치 구조 헬기와도 같은 효과를 발휘한다. 뒤엉킨 일상이라는 암벽을 등반하던 중 발판을 잘못 선택해서 더 이상 기어오를 수 없을 때, 혹은 부상을 당했을 때 유머가 우리를 구조해 준다. 위기에 처한 사람을 안전한 곳으로 옮겨 주는 구조 헬기처럼 유머도 당황스러운 상황을 순간적으로 바로잡아 준다. 하지만 아무리 좋은 유머라 하더라도 언제, 어디에서든 효과를 발휘하는 것은 아니다. 원칙적으로 유머는 내적 균형과 인간적 참을성을 표현하는 수단이고, 발달된 인간사회에서 없어서는 안 될 요소이다.

게르하르트 하우프트만은 "유머는 무한한 인식과 연계되어 한계를 인식하는 것"이라 했다. 인간의 한계를 인식한 것은 비단 하우프트만뿐이 아니었다. 하우프트만 이외에도 수많은 지성들이 유머에 관련된 재치 있는 명언들을 남겼다.

시인이자 의사였던 고트프리트 벤은 여성작가인 엘제 라스커-쉴러와 친분이 있었다. 어느 날 벤은 라스커-쉴러에게 이렇게 말했다. "언젠가 아주 거대한 것, 아주 순수한 것을 완성시키고 싶어!" 그러자 라스커-쉴러는 이렇게 말했다고 한다. "그러면 코끼리를 목욕시키지 그래요?"

카라얀에 관한 일화도 있다. 카라얀은 언젠가 짧은 여행을 하면서 자기 소유의 경비행기를 직접 조종하는 대신 전세기를 이용했다. 안개 때문에 길을 잃은 조종사는 안전한 들판에 착륙하게 된 것을 불행 중 다행으로 여기며 감사하고 있었다. 이후, 카라얀과 조종사는 부루퉁한 기분으로 가까운 곳에 있는 여관에 가서 하룻밤 묵을 수 있겠냐고 정중히 물었다. 여관 주인은 "죄송합니다만 빈 방이 없어요."라고 대답했다. 이에 카라얀이 "이렇게 안개 낀 밤에 우리를 내쫓으시는 건 너무한 것 같군요. 게다가 전 유명한 지휘자 헤르베르트 폰 카라얀이랍니다."라고 말했다. 그러자 여관 주인은 "당신이 하인트예*라 하더라도 없는 방을 만들어서 내줄 수는 없지 않겠소?"라고 말했다.

좋은 유머는 상대방을 놀리는 유머가 아니라 한계를 인식하지 못한 사실을 조롱하는 유머이다. 나아가 때로는 오만함을 꼬집기도 한다. 기술발달로 인해 인간은 불가능할 것이 없다는 오만에 사로잡히게 되었다. '기술 광신도'들은 의지만 있으면 모든 것이 가능하다고 믿는다. 그런 이에게는 유머로도 맞서기 어렵다. 그리고 아무리 유머에 돈이 들지 않는다고 하지만 너무 자주 활용하면 독이 될 수 있다. 게다가 광신도들은 유머를 모르는 것이 특징이다. 유머를 모르는 광신주의가 권력과 결합했을 때 어떤 치명적인 결과를 낳는지는 역사 속에 자세히 기록되어 있다.

유쾌한 기분은 거저 주어지는 선물이기도 하지만 그것이 전부는 아니다. 기분 상태는 도전과 갈등, 노력 등에 의해서도 꽤 많이 좌우된다. 유머라는 삶의 기술은 학습을 통해 몸에 배

＊ Heintje, 1955년생. 네덜란드 출신의 유명 가수로서 국내에도 '두 개의 작은 별'이라는 번안곡을 통해 널리 알려짐

기도 한다. 프랭클은 극기정신을 통해, 바츨라프 하벨은 막다른 길에 접어든 회의석상에 '웃음과 침묵의 시간'을 도입함으로써, 그리고 오이겐 로트는 그만의 독특한 시를 창작함으로써 각자 자기만의 유머를 가꾸어 왔다. 오이겐 로트는 「삶의 기술」이라는 시를 통해 이렇게 노래했다.

어떤 사내가 명령을 무시한다,
자기보다 더 나은 자신의 반쪽이자 부드러운 영혼의 명령을.
결국 그녀는 마음에 커다란 상처를 입은 채 결심한다,
"그 사람과는 더 이상 교제하지 않을 거야."
그때부터 그녀는 웅크린 채 입을 다물고
그 사내의 마음속을 아주 무관심하게 맴돈다.

그런가 하면 하인츠 에어하르트는 이렇게 노래했다.

온화함이 가득한 표정
선함이 가득한 영혼,
늘 자기를 희생할 자세를 지닌 그들,
우리는 그들을 낙타라 부른다.

때로는 유머가 오만한 이들을 단상에서 끌어내리기도 한다. 그러나 원칙적으로 유머는 타인을 모욕하기 위한 수단이 아니라 우리 자신에 대해 웃을 수 있는 능력을 의미한다. 유머는 문제와 나 사이에 거리를 창출하고, 이를 통해 모든 것을 다 이뤄 낼 수는 없다는 사실, 모두의 마음에 들 수는 없다는 사실을 깨닫게 해 준다. 뭐든지 똑 부러지게 처리하지 않으면 안 된다는 환상에서 어서 벗어나지 않으면 삶은 이내 근심의 바다가 되고 만다. 늘 앓는 소리를 하는가 하면 괴로운 표정을 잠시도 떨쳐 버리지 못하는 이들이 있다. 그들의 얘기를 들어 보면 걱정을 해야 할 이유는 무한하다. 날씨가 나쁜 것만으로도 기분이 나빠지는 사람도 있다. 다행히 주변 사람들의 기분까지 내가 책임져야 하는 것은 아니다. 모두를 기쁘게 해야 한다는 생각만 버린다면 마음이 한결 가벼워진다. 모든 이들의 마음에 들려면 적어도 두 개의 연주회를 동시에 개최해야 한다. 즉 내 내면에서 실내악을 연주하는 동시에 내 곁에 있는 그 사람을 위해 소나타를 연주하기까지 해야 하는 것이다. 그럴 때엔 웃음 띤 얼굴을 보여 주는 것이 상책이다. 미소를 통해 '나는 한꺼번에 두 가지 일을 할 수 없어요'라는 메시지를 전달하는 것이다.

자신이 지닌 능력의 한계를 발견했다고 해서 슬퍼할 이유는 없다. 자신의 부족함에 대해 변명해야 할 이유가 사라지기 때문에 오히려 그 한계를 사랑하게 될 수도 있다. 내가 미하엘 티체와 공동으로 저술한 『유머 전략(Die Humorstrategie)』라는 책의 목차를 보면 '변명을 늘어놓다 보면 수명이 짧아진다' 라는 말이 나온다. 변명은 결국 옹색한 자기합리화일 뿐이다. 우리는 늘 온갖 화려한 표현들을 동원하며 스스로 부인하고 싶은 자신의 모습에 대해 장광설을 늘어놓는다.

변명은 피곤함만 유발하지만 유머는 순식간에 기분전환을 유도한다. 유머를 발휘해 상대방에게 내 한계를 드러낸다면 모욕감을 느낄 필요도 교만해질 필요도 없다. 상황이 이렇지만 않았어도 내게 훨씬 더 많은 기회가 주어졌을 거라는 식의 변명이 오히려 더 교만한 태도이다. 대화 상대에게도 자기만의 의견이 있다는 사실을 망각하는 것 역시 오만에 속한다. 상대방을 아끼고 배려하는 마음이 있어야 제대로 된 대화를 하겠다는 마음도 생기는 법이다. 그러한 배려심 없이 각자 자신의 의견만 고집한다면 그 대화는 대화가 아니라 두 개의 독백으로 쪼개질 수밖에 없다.

유머는 삶의 묘약이다. 이 묘약은 날씨가 안 좋다고 해서, 혹은 내 앞에 앉은 사람이 기분이 나쁘다고 해서 약효가 떨어지지 않는다. 요즘 우리 주변을 돌아보면 분명 모자랄 것이 없는 데도 불구하고 기분이 계속 언짢은 사람이 수두룩하다. 그게 무슨 습관이나 유행이라도 되는 듯한 느낌이 들 정도이다. 웃음과 유머는 그러한 '유행병'을 치료하는 명약이다.

유머는 인간이 지닌 일반적인 유한성을 인정할 때에도 도움이 되지만 개인적인 한계를 받아들일 때에 더더욱 도움이 된다. 나아가 희망이라는 선물도 안겨 준다. 모든 일이 계획대로 착착 진행되고 마음먹은 일이 모두 다 현실로 드러나는 것이 희망이 아니다. 희망은 결과가 어떻든 간에 그 결과가 분명 내게 도움이 되는 좋은 결과였을 것이라는 확고부동한 믿음을 의미한다.

자기 자신의 경험에 대한 기억은 우리에게 확신을 심어 주고 앞서간 사람들에 대한 기억은 용기를 심어 준다. "(지구 바깥에) 내가 발붙일 지점을 하나 준다면 지구라도 들어 보이겠다"던 아르키메데스의 말을 보면 발 디딜 땅만 있어도 극기정신을 발휘하기에 충분하다는 생각이 든다. 요한 제바스티안 바흐의 칸타타들도 우리에게 풍성한 희망을 안겨 준다. 바흐는 "세상이 뒤흔들리고 요동쳐도 나는 안전한 피난처에서 노래하네."라고 했다.

생기지 않는 희망을 억지로 싹트게 할 수는 없다. 하지만 "위험이 있는 곳에 구원이 자란다."라는 횔덜린의 말을 떠올리며 희망에게 좀 더 많은 여지를 내줄 수는 있다. 끈기와 노력이 한계에 부딪칠 때 고집이 내 가치를 드높여 주지는 않는다는 점을 상기해야 한다. 살다 보면 혼자서는 도저히 해낼 수 없는 일들이 분명 존재한다. 필요할 때 도움을 받을 수 있는 것도 용기이다. 예를 들어 기둥도 세워지지 않은 강물 위에 다리를 놓으려면 여러 사람이 합심해야만 한다. 커뮤니케이션 역시 '솔로 콘서트'가 아니다. 강물을 사이에 둔 두 마을을 다리로 이으려면 양쪽 모두에서 기둥을 쌓아 올려야만 한다. 양쪽 마을 모두에 굳건한 기둥을 세워야 무너지지 않은 튼튼한 다리를 건설할 수 있다.

☕ 자기 삶의 주인이 되는 5분 명상

재미가 끝나는 지점에서 유머가 시작된다.

– 베르너 핑크

- 자기합리화를 하기에 앞서 유머를 발휘해 보고, "뭐, 사실 내가 지금보다 훨씬 더 형편없는 인간이었을 수도 있잖아!"라며 내 자신에 대해 웃을 수 있는 여유를 지녀 보자.

- 잉에보르크 바흐만은 "가능한 것을 불가능한 것과 견주는 놀이 속에서 우리의 가능성을 넓혀 가는 것"이라 했다. 누군가 우리에게 도무지 납득 불가능한 존재라며 비난할 때 바흐만의 이 말을 떠올려 보자.

- 내 유머로 인해 피해보는 사람이 없는 한 "난 납득 불가능한 존재가 아니야, 난 그저 내 가능성을 넓혀 가고 있는 것뿐이라고!"라 말하자. 혹 내 말을 듣고 기분 나빠하는 사람이 있다면 마음속으로 이 말을 되뇌자, 어차피 생각은 자유이니까!

유머는 터져 버린 물거품을
되살린다

삶이나 타인에 대한 우리의 기대는 물거품과 같다. 하지만 인생은 물거품이 아니라 현실이다. 우리를 절망케 하는 것은 인생이 아니라 인생에 대한 우리의 기대이다. 누구나 머릿속에서는 으레 아름다운 것들만 떠올린다. 생일파티나 친구들과 함께할 저녁식사를 준비할 때 최선을 다하면서 그 최선이 실패로 이어질 것을 상상하는 사람은 없다.

예기치 못한 상황을 미리 계산하기란 어렵다. 하지만 뜻하지 않은 실수나 당황스러운 사건은 자꾸만 주변을 맴돌며 우리를 괴롭힌다. 얼마 전 나는 남편과 함께 저녁식사에 초대 받았다. 나는 약속시간이 분명 목요일 저녁 8시라고 믿어 의심치 않았다. 초대 받은 집 앞에 가서 초인종을 누르자 꽤 한참만에 친구가 문을 열고 우리를 맞았다. 그러면서 친구는 "왜 어제 안 오고 오늘 왔어? 얼마나 기다렸는데……"라고 했다. 순간, 나는 머릿속이 아뜩해졌다. 그러나 이내 정신을 차리고 라인하르트 마이의 「창피해(Ist mir das peinlich)」를 읊조리기 시작했다. 그러자 모두들 갑자기 웃음을 터뜨렸다.

유쾌한 시각을 지닌 이에게는 다가가기가 쉽다. 범접하기 어려운 인상을 주거나 실제로 까다롭게 행동하는 사람은 시간이 갈수록 대하기 어려워진다. 타인과의 접촉, 타인의 관심은 때로 부담의 원천이 되기도 하지만 결과적으로는 우리 삶을 풍요롭게 해 주는 요소들이다. 유머를 지닌다고 해서 그 어떤 것에도 실망하지 않는 것은 아니다. 오히려 그 모든 실망에도 불구하고 다시금 열정을 발휘하고, 타인과 접촉하고, 관심을 받기도 하고 주기도 하는 것이 진정한 유머이다. 하지만 아무리 유머를 지녔다 하더라도 실망을 완전히 방지할 수는 없다. 완벽주의로도, 실수를 피하기 위한 그 어떤 노력으로도 실망감을 완전히 틀어막을 수는 없다.

때로는 내가 지금 쫓고 있는 것이 물거품인지 본질적인 것인지에 대해 곰곰이 생각해 볼 필요가 있다. 저마다 소중히 여기는 가치들이 있겠지만, 그 가치들이 완전한 안심으로 이어지지는 않는다. 하지만 그렇다고 그 가치들을 완전히 무시하고 내면에서 들려오는 경고의 목소리조차 흘려듣는 것은 더더욱 위험한 태도이다. 순간적인 위로는 진정한 안식을 주지 못한다. 피상적이고 무엇보다 오래 지속되지 않기 때문이다. 그렇기 때문에 우리는 우리 몸의 언어를 이해하기 위해 시간을 투자하고 자신의 감각에 대한 믿음을 지녀야 한다. 숨 가쁘게 돌아가는 바쁜 일상과 스트레스, 표면적 관계 등은 우리 몸에서 들려오는 소리를 듣는 데에 방해만 될 뿐이다. 서두에 나왔던 베르너의 사례를 기억하는가? 자전거에서 내리라는 경고의 목소리가 베르너의 내면에서 분명 조용히 울려 퍼졌다. 하지만 베르너는 괜찮을 거라며 기어코 자신을 안심시켰다. 하지만 그러한 종류의 안심은 마치 악어에게 손으로 먹이를 주면서 악어가 먹이만 얌전히 먹을 것이라 안심하는 것과 같다. 잘 알려진 바와 같이 악어의 식욕은 그보다 훨씬 더 왕성하다.

어떠한 가치를 실현시킬 때 그 안에 진정한 가치가 내재되어 있는지 물거품만 가득한지 주의 깊게 살펴보아야 한다. 이 질문은 누가 나한테 던지는 것도, 누가 나를 대신하여 답해 주는 것도 아니다. 오로지 자기 자신만이 이 질문을 던지고 대답할 수 있다. 진정한 가치와 물거품 사이의 차이를 분명히 인식해야 다음 단계로의 발전을 기대할 수 있다. 그렇지 않을 경우, 어떤 가치를 실현하다가 장애물을 만났을 때 자꾸만 요행을 기대하게 되고 만다.

기술고등학교를 마친 아니타는 물리요법이 자신의 적성

에 맞는다고 판단했고, 집 가까이에 있는 물리요법치료사 양성학교에서 매년 서른 명의 학생을 뽑는다는 정보를 입수했다. 아니타는 4년에 걸쳐 네 번이나 지원했지만 번번이 낙방하고 말았다. 그러는 사이에 마사지치료사 과정을 마쳤고 그 분야에서 직장도 구했다. 네 번째 낙방 이후 아니타는 대안을 찾았고, 결국 400킬로미터 떨어진 곳에 있는 또 다른 학교를 찾아냈다. 학비가 꽤 비싸기는 했지만 그 문제만 해결된다면 물리요법치료사가 되는 것은 시간문제인 듯했다. 물리요법치료사가 되기를 간절히 원했던 아니타에게 학비는 도저히 극복하지 못할 장애물은 아니었다. 아니타는 저녁시간에 마사지치료사 일을 더 많이 하면서 필요한 비용의 일부를 마련했고, 모자라는 부분에 대해서는 가족과 친척의 도움을 얻었다. 학교를 졸업한지 한 달도 지나지 않아 아니타는 자신이 살고 있는 도시의 어느 유명 클리닉으로부터 꽤나 유리한 조건의 제안을 받았다. 물리요법치료사라는 꿈 덕분에 그 어떤 장애물도 극복할 수 있었던 것이다.

삶이 우리에게 제시하는 질문에 적극적으로 답할 것인지, 혹은 나와 타인의 허황된 꿈을 필사적으로 좇을 것인지는 각자가 결정해야 한다. 요즘 우리는 바쁜 일상 속에서 금세 자신 감을 잃어버리고, 진정 우리가 실천하고 사랑하고자 했던 가치들을 손가락 사이로 흘려버리곤 한다. 그러나 시 한 편을 감상할 시간만 투자한다면 그 모든 것을 그렇게 쉽게 놓아 버리지는 않을 것이다.

> 이보게, 이렇게 해 보는 게 어떻겠나,
> 안경을 잘 닦은 다음
> 자네가 자네 시간을 어떻게 보내고 있는지
> 한번 알아보는 것 말일세.
> 부드러운 팔이 자네를 따스하게 감싸려 했을 때가
> 분명 적지 않았을 것이네.
> 하지만 자네는 멀찌감치 떨어진 채 냉정하게,
> 사슬에 매인 사람처럼 꼼짝도 하지 않았겠지.
> 자네가 짜증과 분노로 좋은 시절들을 날려 버린 적이
> 분명 적지 않았을 것이네.
> 이런저런 일들이 자네 뜻대로
> 되지 않았다고 해서 말이지.
> 그 결과, 자네는 대부분의 시간을
> 헛되이 날려 버렸을 것이네.

우리가 진정 살아 있는 시간은

우리가 사랑을 하는 바로 그 시간뿐이라네.

– 빌헬름 부쉬

　가치 있는 것이나 타인에 대한 사랑이 비단 에너지를 소모시키는 것만은 아니다. 오히려 그런 사랑 때문에 우리가 미처 생각지도 않았던 힘이 샘솟기도 한다. 내가 소중하다고 여기는 것들을 쉽사리 버려서는 안 된다. 가치를 실현하는 데에는 시간과 수고가 들게 마련이다. 많은 이들이 가치를 실현하던 중 장애물과 맞닥뜨리면 너무도 쉽게 포기하곤 한다. '쉽게 이뤄지지 않는 일이라면 차라리 그냥 포기해 버려라!' 가 요즘의 대세인 듯하다. 하지만 의지와 끈기와 노력의 부재는 낙담으로 이어질 뿐이다. 우리는 서로서로 용기를 심어 주고, 지원을 아끼지 않고, 가치 있는 것들에 대한 확신을 보다 공고히 하고, 무엇보다 자기 자신에 대한 믿음을 지녀야 한다.

'왜'라는 질문에 대한 항변

우리는 늘 어떤 일이 일어나는 이유에 대해 묻곤 한다. 교통 체증에 걸려 그만 비행기 시간을 놓쳤는데 알고 보니 그 비행기가 추락해 버릴 때가 있다. 왜 어떤 이들은 교통체증에 걸리는 '행운'을 누리고 왜 나머지 사람들은 그 비행기를 놓치지 않았을까? 외된 폰 호르바트*는 어쩌다가 샹젤리제 거리에서 떨어지는 나뭇가지에 맞아 죽었을까? 그 가지는 왜 1분 뒤에 떨어지지는 않았을까? '왜'라는 질문의 목록을 작성하자면 끝도 없고 만족스러운 답을 얻을 리는 더더욱 만무하다.

지구상에서 일어나는 모든 일에 이유가 있을까? 어떤 일들은 아무 이유 없이 일어나는 것 아닐까? 생명아카데미(Academy of Life)의 회원이자 양자물리학자인 안톤 차일링거 교수는 "이유 없이 일어나는 일들이 있다. 개인적으로 그것이 20세기 최대의 깨달음이라 생각한다. 재미있는 것은, 이러한 깨달음을 실험을

---

* Ödön von Horváth, 1901~1938. 독일 작가

통해 눈으로 확인할 수 있다는 것이다. 이론적 영역에서만 구성할 수 있는 것이 아니다."라고 했다.

커다란 재해가 발생하면 언론은 지금까지 우리가 생각했던 것보다 안전 문제가 훨씬 더 심각한 것 같다며 야단법석을 떤다. 앞 다투어 재앙의 원인을 밝히려 경쟁을 하기도 한다. 사실 그들은, 나아가 우리는 우리를 안전하게 지탱해 줄 무언가가 있다는 사실을 확인하고 싶어 하는 것이다. 모두들 기술이 백퍼센트의 안전을 보장해 줄 수 없다는 것도 이미 알고 있다.

안정된 삶, 안전한 삶을 갈망하고 있지만, 기술과 안전 사이에 너무도 큰 괴리가 있다는 것을 잘 알고 있다. 기술 속에서 안전한 삶을 얻기는 어렵다. 사람과 사람 사이에서 안정을 얻기도 쉽지 않다. 하지만 분명 안정감을 느낄 수 있는 방법은 있다. 삶에 대한 안정감은 도무지 머리로는 이해할 수 없는 고통을 순순히 받아들일 때, 혹은 뭐라고 말하기조차 힘든 상황이 있다는 사실을 받아들일 때 비로소 우리 감정에 스며든다.

빅터 E. 프랭클은 "어떤 말도 불필요하다 싶은 상황은 곧 어떤 말로도 설명할 수 없는 상황"이라 했다. 때로는 따스한 포옹이나 진심을 깃들여 손을 마주잡는 행위가 그 어떤 위로의 말보다 더 많은 것을 전달한다. 그런데 '위로를 해주는 것'과 '진정한 위로'는 동일한 개념이 아니다. 위로를 해주는 것은 누군가의 어깨를 두드리거나 공허한 말을 내뱉는 행위일 뿐, 그 이상도 그 이하도 아니다.

현대인들은 '왜'라는 질문을 곧잘 던진다. 아주 사소한 불운에 대해서도 책임소재를 찾지 못해 안달이다. 재앙에 가까운 큰 사고가 일어나면 가장 먼저 '신께서 왜 이런 일이 일어나도록 내버려 두셨을까?'라는 생각을 한다. 하지만 핀커스 라피드(Pinchas Lapide)는 "매일매일 선행과 악행을 심판하시던 신은 아우슈비츠에서 불타 버렸다."고 했다. 『신을 모색함과 의미에 대한 질문(Gottsuche und Sinnfrage)』에서 프랭클은 "그렇다면 그렇게 수백만이 불에 타 죽을 때 신은 어디에 있었을까요? 이 질문에 대한 답변은 아직도 제시되지 않고 있습니다. 하지만 두 다리로 걷는 인간들이 같은 인간들에게 행한 비인간적 행위에 대한 책임을 신께 돌리는 것은 그야말로 신성모독에 지나지 않는 것 같습니다."라고 했다. 신은 책임질 사람이 아무도 없는 자연재해, 지난 몇 년 간 일어난 쓰나미와 홍수 등을 주관하는 것도, 기술적 결함 때문에 일어난 비행기 추락 사고를 주관하는 것도 아니다.

죄, 고통, 사망을 로고테라피에서는 '비극적 3징후(tragic triad)'라는 개념으로 정의한다. 그 부분에 대해서는 인간이 아무리 노력해도 도저히 책임을 회피할 수 없다는 것이다. 사람들은 각자 자신의 방식으로 이 세 가지 비극을 체험한다. 그럴 때에 '왜'라는 질문에 대한 답은 아무리 찾아 봤자 헛수고에 지나지 않는다. 그 질문에 대한 답은 없다고 생각하는 편이 끊임없는 질문에서 벗어나는 지름길이다. 그것을 운명으로 받아들이고 어설픈 위로 없이 내 곁을 지켜 주는 이를 찾는 것이 차라리 더 나은 해결책인 것이다.

안타깝게도 요즘은 힘든 상황에서 서로 위안을 주는 문화를 찾아보기 어렵다. 그러한 경향은 의료나 봉사활동 분야에서 더더욱 두드러지는 듯하다. 모두들 책임을 부인하기에만 급급하거나, 혹은 그와는 정반대로 마치 자기가 당사자인 양 감정이입을 해야 상대방을 도울 수 있다는 감정적 환상에 사로잡힐 뿐이다. 둘 사이의 중용은 좀체 찾아보기 어렵다. 그것이 바로 요즘 사회가 지향하는, 고통과 슬픔, 정신적 충격을 대하는 방식이다. 난관에 처했을 때 쥐 죽은 듯 침묵하는 이들이 있는가 하면 덮어 놓고 뛰어드는 이들이 있다. 후자의 경우도 삶의 진실을 제대로 수용하는 태도는 아니다. 아무리 오랫동안 불평을 늘어놓아도, 혹은 아무리 오랫동안 침묵해도 괴로움과 고통을 세상 밖으로 날려 버릴 수는 없다.

우리는 누구나, 언제든지 상처 받을 수 있는 존재이다. 위기에 처했을 때면 우리가 그다지 착한 사람이 아니라는 주장에도 곧잘 고개를 끄덕인다. 구약성서에서 욥을 시험대에 올렸던 '친구들'은 아직 멸종되지 않은 듯하다. 그들은 자기 자신과 자기 삶의 애인이 되기 어려운 종족이다. 힘들고 고된 시절까지도 사랑해야 진정한 삶의 애인이라 할 수 있기 때문이다.

이 책을 읽는 독자들에게 자기 삶을 애인으로 여기는 진정한 친구가 있기를 바란다. 내게 있어 그러한 친구는 바로 할머니였다. 할머니께서는 104번째 생신을 앞두고 내게 후고 라너*의 글이 담긴 편지를 선물해 주셨다. 거기에는 "내 걱정은 전혀 하지 않아도 돼. 난—라너의 말을 빌자면—그저 '아이가 놀이를 하듯' 소식이 오길 기다릴 뿐이야. 그리고 그 끝은 언제나 긍정적일 거라 생각한단다."라는 말도 적혀 있었다.

그런데 할머니께서 기다리셨던 내 편지에는 수술에 관한 얘기가 들어 있었다. 당시 내가 수술을 받아야 했기 때문인데, 어쨌든 할머니를 떠올리면 유머를 늘 일종의 처세술로 활용하셨던 게 기억나고, 우리의 모든 노력이 결국은 '아무 소용이 없다'던, 진지하고도 명쾌한 가르침이 기억난다.

동방의 어느 수사가 인생의 여유에 대해 탁월한 깨달음을

---

* Hugo Rahner, 1900-1968. 독일 신학자

전한 적이 있다. 그는 밤잠을 줄이는 것, 낮 시간을 십분 활용하는 것, 그리고 자기를 너무 아끼지 않은 것, 그런 다음에는 그 모든 것을 농담으로 여기는 것, 그것이 바로 진지함이라고 했다.

유머를 살아가는 방편의 일환으로 선택한 사람들은 죽음에 대한 생각도 굳이 피해가지 않는다. 우리가 책을 통해 만나는 현자들도 예외는 아니다. 빅터 E. 프랭클과 엘리 프랭클의 자서전 격인 『삶이 당신을 기다리고 있다(Das Leben wartet auf Dich)』에도 이런 노래가 나온다. "아무리 내가 열심히 싸워도 살아서 이 세상을 벗어나지는 못하지. 웃음의 바닥에 깔려 있는 잔잔한 눈물이야말로 무엇보다 확실한 것이지."

> 오늘날까지도 극복하지 못한 게 있지,
> 그래서 얘기도 잘 하지 않아.
> 현자의 돌을 찾고 싶었건만
> 푸들의 정체*조차 찾지 못했다네.
>
> – 하인츠 에어하르트

---

* 괴테의 『파우스트』에서 유래된 비유. 파우스트는 푸들로 변장했다가 정체를 드러낸 메피스토와의 대면에서 "이것이 푸들의 정체였더냐?"라고 질문함

친구여, 모든 근심을 피하고,

모든 아픔을 경시해야 할 것일세.

풀밭의 양들을 보게,

도살당하기 전에 얼마나 즐거워하는지.

만약 도살당한 후에 즐거워한다면

그게 얼마나 어리석은 일인지 모르겠는가?

— 하인츠 에어하르트

희망의 마술

희망은 사치가 아니라 의무이다.

희망은 꿈이 아니라 꿈을 실현하는 길이다.

꿈꾸는 자들이여,

그리고 꿈을 이루는 대가를 치를 준비가 된 자들이여,

모두 행복할지어다.

― 레온 요제프 주에넨스

　때로 희망은 우리가 아무 기대도 하지 않고 있을 때 마술처럼 우리를 이끈다. 모든 일이 나무랄 데 없이 흘러갈 때는 나타나지 않는다. 모든 것이 계획대로 착착 이뤄질 때에는 더더욱 자취를 감춘다. 희망은 행동이나 노력을 통해 얻을 수 있는 것은 아니지만, 이 세상에 사람 이외에도 많은 생물들이 살고 있다는 것만큼이나 확고부동하게 존재한다. 디트리히 본회퍼는 "선한 힘이 너무도 잘 감춰졌을 때 우리는 그 다음에 어떤 일이 일어날지 기대하게 되지. 신은 저녁이나 아침이나, 그리고 확언컨대 새로운 날이 시작될 때면 늘 우리와 함께하시지"
라며 희망을 노래했다.

　승리의 역사가 중단될 때, 내가 틀렸다는 것을 깨닫기 시작
할 때, 남보다 더 많이, 혹은 모든 사람에 대해 다 알아야 한다
는 확신을 버릴 때 희망은 시작된다. 희망은 편견을 버리고 감
각에 대한 믿음을 싹틔울 때 성장한다.

　　그럼에도 불구하고 내게 시간이 주어졌지,
　　시간이 요구하는 것들을 피할 만큼의 시간 말이야.
　　그럼에도 불구하고 그 행위들이 헛된 것은 아니었지,
　　그럼에도 불구하고, 그럼에도 불구하고, 그럼에도 불구하고.
　　의심 때문에 괴로울 지라도 '그럼에도 불구하고'라고 말해
　　야 해,
　　용기를 잃는 날에도 '그럼에도 불구하고'라고 말해야 해.
　　그래야 우리의 모습에도 불구하고 우리를 긍정할 수 있으니
　　까.
　　그럼에도 불구하고, 그럼에도 불구하고, 그럼에도 불구하고.
　　　　　　　　　　　　　　　　　　　－에리카 플루하르[6]

---

6) Pluhar, Erika, ⓒ by Erika Pluhar. Erstmals erschienen 1992 in: Zwischen die
　Horizonte geschrieben. Lieder, Lyrik, kleine Prosa, Carl Ueberreuter, Wien.

희망은 세심하게 다룰 필요가 있다. 희망을 감지하기 위해서는, 다시 말해 우리 모두가 희망을 느끼고 인지하기 위해서는 희망을 천천히 세심하게 다루는 능력, 우리 일상을 예민하게 받아들이는 능력이 요구된다.

자기 삶의 주인이 되는 5분 명상

불확실성은 감옥만큼이나 인간을 차단하는 상황이다.

– 시몬 드 보부아르

• 누군가 내게 다음과 같이 말할 때 나는 어떤 느낌이 들까?

내가 널 돌볼게	혹은	내가 네 곁에 있을게
내가 널 이렇게 다룰게	혹은	네 손 위에 내 손을 얹을게
나는 널 동정해	혹은	나도 너 때문에 가슴이 아파
내가 네게 선물을 줄게	혹은	너한테 이건 꼭 주고 싶어
내가 충고 한 마디만 할게	혹은	이 말은 널 위한 말이야
내가 널 위해 희생할게	혹은	내 시간이 곧 네 시간이야

희망과 배려를 중시하는 사람이라면 내뱉는 말 한 마디 한 마디의 뉘앙스와 표현에 주의할 것이다. 타인을, 그리고 그 사람의 존엄성을 중시하는 사람이라면 누구나 해 줄 수 있는 말 따위는 하지 않을 것이다. '한 마디를 하더라도 세심하게, 잠깐을 대하더라도 배려하면서'를 실천하려면 연습과 집중이 필요하다. 요즘은 수십, 수백만이 시청하는 토크쇼가 아닌 일상대화 속에서도 빤하디빤한 문구들이 남용된다. 하지만 "그 말을 들으니 나조차 화가 나서 견딜 수 없군요", "그런 비인간적인 처사가 행해지고 있다니 도저히 참을 수 없습니다" 같은 말들은 껍데기뿐인 공허한 울림에 지나지 않는다. 실제로 무엇이 공정한지, 무엇이 인간의 존엄성인지도 모르는 채 그저 내뱉은 말일 뿐이다. 진정 우리에게 필요한 것은 살아 있는 모든 것에 대한 존경심이다. 그러한 존경심을 지녀야 삶의 진정한 애인이 될 수 있다.

희망은 연대의식을 필요로 한다

'연대의식'이라는 말을 들으면 왠지 겁부터 난다. 뭔가에 맞서 싸우고 다른 무언가는 저버려야 할 것 같은 느낌이 들기 때문이다. 연대의식과 같은 뜻이면서 훨씬 더 부드러운 말들도 있다. 유대감, 공동번영, 공통성, 소속감, '우리' 의식 등이 그런 어휘들이다. 특히 '우리' 의식을 지키는 데에는 통상적인 관습을 따라야 한다는 조건이 붙는다. 하지만 아무리 노력하고 또 노력해도 통상적 규율을 단 한 번도 어기지 않고 살기는 어렵다. 우리 모두가 한 번쯤은 규칙을 위반해 본 적이 있을 것이다. 그럴 때, 다시 말해 누군가가 실수를 저질렀을 때 무엇보다 필요한 것이 바로 이해심이다.

아이들만 격려와 애정을 필요로 하는 것이 아니다. 어른도 마찬가지이다. 최선을 다해 노력했음에도 불구하고 일이 실패로 돌아갔을 때 우리는 엄청난 좌절감을 느낀다. 그럴 때 필요한 것이 바로 격려와 애정을 통해 싹트는 희망이다. 두뇌 연구가들은 여기에서도 다시 한 번 희망의 위력을 강조한다. 우리 뇌는 실수를 통해 한층 더 발전한다. 실수할 기회가 전혀 주어지지 않는다면 발전을 기대하기도 어렵다.

흔히들 희망은 실패 속에서 싹이 튼다고 말한다. 그런데 구체적으로 어디에서 어떻게 싹이 튼다는 말일까? 라인하르트 마이는 「성적표 받는 날(Zeugnistag)」이라는 노래에서 부모님께 형편없는 성적표를 내미는 대신 부모님의 서명을 '날조'한 경험담을 노래한다. 그 사실을 알게 된 교장선생님은 부모님을 모시고 오라고 하셨다. 마이의 부모님은 아들에게 강한 유대감을 지니고 있었고, 교장선생님 앞에서 그 서명이 본인들 것이라고 몇 번이고 확인해 주었다. 노래의 마지막 절에서 마이는 부모님이 자신에게 보여 준 연대의식과 애정, 서명이 자신들 것이라고 거짓말을 하면서까지 자식을 보듬어 준 부모님의 따뜻한 마음을 감동적으로 노래한다. 내 아이들이 학교에 다니는 내내 교육의 지침으로 삼을 만큼 이 노래는 내게 그 어떤 가르침보다 더 깊은 감동을 남겼다.

위기에 처했을 때, 무언가가 잘못되었을 때, 세상이 무너지는 것 같을 때 아이들은 곁에 있어 줄 사람을 필요로 한다. 그 사람이 부모님일 수도 있고 할머니나 할아버지일 수도 있다. 굳이 가족이 아니더라도 상관없다. 지금의 이 힘든 상황을 버틸 수 있는 힘을 실어 주는 사람이면 된다. 실패 속에서의 희망이란 이렇듯 서로가 서로에게 힘을 주는 상황을 뜻한다. 더 큰 실망을 안겨주는 사람에게서 희망을 기대할 수는 없다. 오히려 자신의 실패담을 담담하게 이야기해 주는 사람이 보다 인간적이고 이해심 많게 다가온다.

한편, '최선'이라는 말에는 커다란 문제가 내포되어 있다. 내가 최선이라고 생각하는 것이 남들이 생각하는 최선과 늘 일치하지는 않는다는 것이다. 따라서 가장 좋은 방법은 최선을 다했음에도 불구하고 결과가 좋지 않을 때, 그럼에도 불구하고 나를 믿어 주는 사람을 가지는 것이다. 희망은 격려라는 토대 위에 성장한다.

세상이 무너질 것 같을 때 우리한테 필요한 것은 함께 있어줄 사람이지, 똑똑한 사람이 아니다. 최선을 다했지만 일이 실패로 돌아갔을 때 이성적 충고는 그다지 도움이 되지 않는다. 들어도 그만 안 들어도 그만인 무언가에 지나지 않는다. 그럴 때 가장 필요한 것은 남과 나를 더 이상 비교하지 않는 태도이다. 주변을 둘러보면 어차피 나보다 나은 이들이 수두룩하다. 어떤 이는 나보다 이것을 잘하고 어떤 이는 나보다 저것을 잘한다. 중요한 것은 내 능력에 합당한 가치를 실천하고 실현하는 것이다. 그렇게만 할 수 있다면 남들이 뭐라 하든 이리 흔들리고 저리 기우뚱거리지 않을 수 있다. 남들이 박수를 치든 손가락질을 하든 거기에 내 감정이 휘둘릴 필요가 사라지는 것이다.

타인의 도움을 받지 않고도 스스로 일어설 수 있는 자가 되라.

– 마르쿠스 아우렐리우스

감정의 교향곡

기쁜 마음, 사랑에 빠진 마음은 과학으로 증명할 수는 없지만 그렇다고 부인하기에는 너무도 강렬히 느껴지는 감정들이다. 화나 분노도 마찬가지이다. 분노의 정도를 측정할 수는 없지만 내가 발산하는 파괴적 공격성을 다른 이들도 분명히 느낀다. 공격성 때문에 다른 감정들은 감지할 수조차 없다. 이를 클래식 공연에 비유하자면, 팀파니가 너무 크게 울려 대는 바람에 다른 악기들은 분명 눈에는 보이되 소리는 들리지 않는 것과 같다.

내 안의 여러 감정들과 나누는 내면의 대화도 마치 그러한 공연과 같다. 오케스트라 편성에 플루트도 들어가고 트럼펫도 들어가듯 내 안의 감정에도 조용한 감정이 있고 큰소리로 외치는 감정이 있다. 모든 단원들이 클라리넷만 일제히 연주하는 교향곡은 없다. 다양한 악기들이 지닌 고유한 음색이 서로 조화를 이룰 때 비로소 훌륭한 연주가 완성된다. 그것과 마찬가지로 인간 역시 다양한 감정들의 조화를 통해 완성된다.

훌륭한 지휘자는 뛰어난 화음을 선보이는 것도 중시하지만, 나아가 그 화음을 통해 여러 사람들에게 감동을 주는 것에도 심혈을 기울인다. 우리 안의 다양한 감정들 중 분노나 화가 가장 큰 소리를 내지 않게 하려면 그 감정들을 지휘하는 지휘자가 필요하다. 물론 '화'라는 단원에게는 연주할 기회조차 주지 않겠다는 심산은 아니다. 화에게도 악보를 나눠 주며 같이 연주하자고 말해야 한다. 하지만 그 악보는 버스나 열차의 운행시각표와는 다르다. 몇 시 몇 분에 정확히 화를 내라는 것은 상상할 수도, 가능하지도 않은 일이다. 화가 연주해야 할 부분은 결국 우리 스스로 작곡해야 하는데, 문제는 일단 화가 난이상, 주변에서 아무리 유익한 충고를 해 줘도 좀체 누그러지지 않는다는 것이다. 그렇다면 화가 연주해야 할 부분을 어떻게 써 내려가야 할까?

「'화'와의 대화」

"화야, 대체 내게 하고 싶은 말이 뭐니?"

"몰라, 뭔가 이상하잖아!"

"그래, 내가 느끼기에도 그래. 그런데 정확히 뭐가 이상한 거니?"

"글쎄, 난 네 안의 화일 뿐이야, 그런 내가 뭘 알겠어? 게다가 왜 화가 나는지 알고 나면 나는 쓸모없는 존재가 될건데 내가 그걸 네게 왜 알려 주겠니? 난 너한테 필요한 존재이고 싶거든!"

"그 말은 곧 화의 원인을 직접 찾아보라는 거지? 좋아, 대신 이것만 말해 줘. 누가 널 불러냈니? 그리고 혹시 그게 정확히 언제인지도 아니?"

"날 불러낸 건 너야. 왜 있잖아, 가기 싫은 등산을 억지로 갔을 때 말이야. 그때 네가 나더러 같이 가자고 했었지. 처음엔 나도 이렇게 큰소리를 내진 않았어. 조용히 말했는데 넌 파울의 비위를 맞추는 데에만 정신이 빠져서 내 목소리를 들을 생각도 않더라? 처음부터 내 말을 들었더라면 지금 얼마나 편했겠니? 나중엔 내가 목소리를 조금씩 키우기까지 했지만 넌 내 말에 전혀 귀 기울이지 않았어."

"그러니까 네 말은, 내가 원하지도 않는 일을 이번에도 덜컥 승낙해 버린 게 문제라는 거지?"

"맞아, 내 말이 그 말이야. 네가 네 자신을 무시한 거라고!"

화가 연주해야 할 악보에는 미리 정해진 음표가 없다. 그 악보는 화의 자취를 추적하는 창조적 질문들로 구성된다. 삶이라는 교향곡 안에는 분명 화라는 단원이 연주하는 부분이 포함되어 있다. 그럼에도 불구하고 기어이 화를 억누르려 하다 보면 화는 총보(score)에도 없는 독주를 연주하며 분노로 발전해서 나머지 악기들의 소리를 덮어 버리고 만다.

팀파니와 트럼펫이 연주할 때면 바이올린이나 플루트의 소리가 잘 들리지 않듯, 분노가 목청을 높일 때면 슬픔의 목소리도 잘 들리지 않는다. 하지만 오케스트라를 구성하는 악기들 중 어느 한 악기가 다른 악기들보다 더 중요하다고 주장할 수는 없다. 정확한 타이밍에 팀파니가 소리를 내다가 바이올린 독주 부분이 나오면 울림을 멈추는 것이 중요할 뿐이다. 트럼펫 소리로 의심을 날려 버리는 것도 중요하지만 플루트 소리로 기쁨을 표현하는 것 역시 중요하다.

'교향곡(symphony)'이라는 말은 '함께 울리다', '함께 소리를 내다'라는 뜻이다. 동시에 모든 악기가 같은 멜로디를 연주하는 것이 아니라 저마다 가기 다른 음을 연주하며 화음을 일구어 내는 것이다.

한편, 내게 중요한 것을 드높인답시고 나머지 것들을 깎아 내리는 행위 역시 어불성설에 지나지 않는다. 예를 들어 어떤 가수가 어느 소도시에서 콘서트를 연다고 치자. 그 도시 사람들 전부가, 어느 한 사람 예외 없이 모두 다 그 가수의 팬이다. 하지만 공연은 단 1회뿐이고, 시민들 모두가 입장권을 구할 수는 없다. 좋아하는 가수의 공연을 직접 보지 못한 팬들이 어떤 아수라장을 연출할지 과히 상상이 되지 않는가?

조화란 모두가 같은 것을 원할 때 얻어지는 것이 아니다. 가족 구성원 모두가 스파게티를 제일 좋아하고 특정 TV 프로그램을 선호해야 그 가족이 조화로운 가족으로 승화되는 것은 아니다. 서로 다른 것이 오히려 더 풍성한 공존을 유도한다.

사람은 누구나 자기가 좋아하는 것을 자기가 좋아하는 사람과 공유하고자 한다. 대인관계 속에서 그것이 가능할 때도 많다. 하지만 각자 개성과 취향이 있기 때문에 생각하는 것도 제각각이다.

내가 어떤 것을 보고 너무 기뻐했다손 치더라도 내가 좋아하는 상대방은 아무런 느낌을 받지 못할 때도 있다. 그럼에도 불구하고 남편이나 아내, 남자친구나 여자친구, 자녀나 부모님, 혹은 친구에게 함께 기뻐할 기회를 줘 보자. 감정이라는 단원들이 연주하는 콘서트에서 기쁨은 매우 큰 역할을 차지한다. 특히 서로 감사하는 마음을 나눌 때의 기쁨은 그 어떤 것으로 대체할 수 없을 만큼 소중하다.

그런데 안타깝게도 우리는 주변 사람들의 기쁜 일이나 슬픈 일에서 그리 많은 것을 배우지는 못한다. 좋은 뜻에서 해 주는 충고가 배움의 발판이 되는 때도 그다지 많지는 않은 듯하다. 우리를 보다 인간적으로 만들어 주는 것은 무엇보다 자기 자신의 괴로웠던 경험과 그것을 극복했던 기억이다. 다행히 우리는 용기를 내는 것과 절망하는 것 사이에서 선택을 할 수 있다. 예컨대 화가 나는 이유는 알겠지만 그럼에도 불구하고 습관적으로 이는 분노를 도저히 주체하지 못할 때가 있다. 그럴 때 내 안의 기억과의 대화는 커다란 도움이 된다.

「기억과의 대화」

"난 뭔가를 너무 쉽게 약속해 버리는 경향이 있어. 그래 놓고 나중에는 약속을 취소할 용기조차 내지 못하지."

"일단 그걸 알고 있다는 것만으로도 괜찮은 출발이야. 나도 널 꽤 잘 알고 있어, 네가 그렇게 쉽게 무언가를 약속한다는 것도 너무도 잘 알고 있고 말이야. 어휴, 그런 기억의 짐들로 내 배낭이 가득 차 있어서 어깨가 짓눌릴 지경이야. 그중 몇몇은 꺼내서 버려도 될 것 같아. 하지만 우선은 네가 그 기억들을 꼼꼼히 살펴보기부터 해야겠지. 그런 다음, 필요 없는 것들은 해가 되지 않을 만한 곳에 내다 버렸으면 해."

"내 기억이 해가 될 수도 있다고? 그게 무슨 말이니?"

"아니, 기억이 해가 된다는 게 아니야. 네게 부담으로 작용하는 경험과 체험들이 부담이 된다는 말이지. 그 경험들은 음식물쓰레기통에 버려진, 쓰고 남은 기름 같은 거야. 퇴비 더미 속의 폐유는 시한폭탄과도 같다는 거 아니? 물론 처음엔 아무것도 알 수 없어. 음식물쓰레기통을 들여다본들 미끈미끈한 폐유가 장차 불러올 피해를 예측할 수 있는 건 아니잖아?"

"그러니까 나한테 부담으로 작용하는 경험들이 그 기름과도 같다고?"

"응. 네가 원치 않는 일인데도 불구하고 남들에게 '기름칠'을 한 적이 있었지? 그러니까 그 상황들을 어디 한번 자세히 살펴보자고."

"내가 내 자신에게, 혹은 남들이 내게 칠한 그 기름을 씻어 낼 수 있는 방법이 있니?"

"잠깐 기다려 봐, 뭐가 그렇게 급해? 흠, 기름때를 씻어 낼 수 있는 방법이 한 가지 있긴 하지. 모든 걸 그냥 흘러가는 대로 내버려 두고 신경을 쓰지 않으면 언젠가는……."

"아냐, 내가 원하는 건 그런 게 아니야. 그것 때문에 지금 내가 너와 이렇게 얘길 하고 있는 거잖아?"

"무슨 말인지 알겠어, 대신 한 가지는 잊지 마. 네가 그렇게 끔찍이도 아끼는 파울은 교묘한 말로 너를 설득하는 데에 대가야. 너는 그걸 한참 지난 다음에야 깨닫고 말이지."

"그러니까 내가 이렇게 화가 나거나 마음의 상처를 받는 게 내 탓만은 아니라는 거지?"

"당연하지. 혹시 그렇게 생각하고 있었니? 그렇다면 넌 모든 걸 자기 탓으로 돌리는 사람들과 다를 바 없어. 자기 곁에 다른 이들이 있다는 걸 전혀 모르는 그런 사람들 말이야."

"그런데 만약 그게 순전히 내 잘못이 아니라면 어차피 내가 할 수 있는 것도 많지는 않겠네?"

"그래, 많지는 않아. 하지만 결정적인 것을 할 수 있지. 다음번에는 무언가를 너무 쉽게 약속하기 전에 심호흡부터 해 봐. 숨을 깊이 들이마시고 내쉬면서 5나 10까지 세는 거야. '이제는 진정 내가 원하는 대답을 할 수 있겠다'는 느낌이 들 때까지 말이야. 네 대답에 어쩌면 파울이 굉장히 놀랄 수도 있다는 것만 미리 경고해 둘게."

"좋아, 그런데 그런 다음 파울이 뭐라고 하면 난 어떻게 대답해야 하지?"

"그건 파울이 네게 뭘 원하느냐에 따라 달라지겠지. 뭐, 상황을 봐서 아예 입을 다물어 버려도 돼. 마치 아무 말도 못들은 것처럼 말이야."

"내가 그것 때문에 늘 파울한테 화를 내는데? 파울은 내가 무슨 말을 하면 제대로 듣지도 않거든. 나까지 그렇게 무심하게 굴고 싶진 않아."

"너는 아무리 무심하게 굴고 싶어도 그렇게 못하는 사람이야. 적어도 내가 알기로는 그래. 최근에는 오히려 더 귀를 쫑긋 세우고 파울의 말을 들어 줬을 걸? 그런데 그런 네 노력이 가상해서 파울도 네 말에 귀를 기울여 줬니?"

"네 말이 맞아. 그간의 습관들이 이미 내 머릿속에 똬리를 틀고 있고, 앞으로 일어날 일을 그저 그려 볼 때조차 그 습관들이 방해를 하고 있어. 아, 어떡하면 좋을까? 이런 날 어떻게 하면 좋겠니?"

"방법이 없는 건 아니야. 그 방법은 네 자신에게서 나오는 거지. 네 머릿속이 문제라는 걸 알고 있다는 것만 해도 어디니? 이제 그 사실을 알았으니 네가 원하는 방향으로 바꿔 가면 돼. 너와 내가 합심하면 분명 달라질 수 있을 거야, 걱정하지 마."

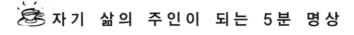# 자기 삶의 주인이 되는 5분 명상

> 과거 앞에서 눈을 감는 자는 현재에 대해서도 눈 먼 자이다.
>
> – 리하르트 폰 바이체커

- 자신이 진정 중요하게 여기는 일을 하지 못하는 것 때문에 내면에 화나 분노가 이는 것은 아닐까?

- 그 자취를 한번 따라가 보자. 지금 머릿속을 스치는 일이 진정 자신이 중요하다고 생각하는 일인가, 아니면 그 일 때문에 정작 중요한 일을 하지 못하게 되어서 화가 나는 것일까?

- 만약 머릿속을 스친 그 일이 진정 중요한 일이라면 힘과 용기를 내서 그 일을 추진하고 최선을 다해 노력하자!

감정 콘서트의 지휘자는 누구?

이제 더 이상 평생을 위한 배움은 존재하지 않는다는 것만
으로도 충분히 개탄할 일이다. 우리 조상들은 청소년 시절
의 배움으로 평생을 살 수 있었다. 하지만 지금 우리는 시
대에 뒤처지지 않으려면 5년마다 새로이 배워야 한다.

– 요한 볼프강 폰 괴테

괴테 시대의 사람들도 5년마다 지식을 업그레이드해야 했
다는 사실을 보면 '2백 년 전에도 지금과 그다지 다를 바가 없
구나' 하는 생각이 들면서 왠지 위안이 된다. 지금의 우리도
젊은 시절 배웠던 것만으로는 평생을 버틸 수 없다.

이 시점에서 우리에게 가장 필요한 것은 바로 내면의 목표
와 지침이다. 그것이 있어야 삶의 방향을 잡고 복잡다단한 세
상 속에서 중심을 잡을 수 있기 때문이다. 학창시절 입던 옷이
지금 내 몸에 맞지 않는 것처럼 과거에 옳다고 믿었던 질서들
역시 지금 시대에는 적용되지 않는다. 삶의 지침은 우리가 일

정 기간 동안 특정 인물이나 특정한 일에 열중하게 만드는 원동력이다.

　내가 옳다고 생각하는 유년기와 실제의 내 유년기가 일치했든 아니든 지금 우리에게는 배움의 기회가 주어졌다. 오랜 기간을 통해 내 안에 각인된 것들을 벗어 버리기가 쉽지는 않겠지만 아예 불가능한 것도 아니다. 그러기 위해서는 우선 '모든 책임은 부모한테 있다'는 '동화'에 대한 믿음부터 버려야 한다. 그 동화는 실패한 자들의 몫일 뿐이다. 그 동화는 어린 시절 이렇게, 혹은 저렇게 살아왔으니 평생 이런저런 짐들을 짊어지고 살아가는 것이 마땅하다고 가르치기까지 한다.

　그러나 힘들었던 어린 시절이 반드시 불행한 삶으로 이어지라는 법도 없고, 유복한 어린 시절 또한 행복의 보증수표는 아니다. 어른들은 으레 어린 아이나 청소년을 미숙한 존재, 아직은 독립적이지 못한 존재로 취급하고 아이들에게도 자기만의 고유한 감정이 있다는 사실을 간과한다. 유년 시절, 부모님이 자기 의견을 존중해 주지 않는 것에 대한 고민을 해 보지 않은 사람이 오히려 드물 지경이다.

　내가 살아 있다는 것을 체감하기도 전에 내 영혼을 마구 짓밟은 못난 어른들이 있었을 지도 모른다. 어떤 경험과 어떤 인상들은 내게 분명 상처를 주었을 것이고, 그로 인한 흉터도 남아 있을 것이다. 그런데 어떤 흉터들은 아주 깊은 곳에 잠복해 있다가 수년이 지난 후에야 통증을 유발한다. 그리고 그보다 더 중요한 사실은 내가 내 자신에게 남긴 상처 역시 오래간다는 것이다. 갈등은 기다리는 사람이든 행동하는 사람이든 상대를 가리지 않고 습격하면서 생채기와 할퀸 자국을 남긴다. 뿐만 아니라 상처들이 다 치유된 다음에도 우리 뇌는 상처 입었던 사실을 고스란히 기억한다. 하지만 유년기가 인생의 모든 기회를 좌우하는 것은 아니다.

유년기와 마찬가지로 유전자 역시 사람에게 주어지는 기회를 좌우하지 못한다. 타고난 능력이나 약점 때문에 기회가 어느 정도는 제한되기도 하지만, 주어진 기회에서 무엇을 만들어 내는지에 대한 책임은 결국 자기 자신이 지는 것이다. 신경 세포는 타고나는 것이지만 그 세포들을 어떻게 연결할 것인지, 어떤 취향과 습관을 지니게 될 것인지 등의 문제는 성장 환경이나 앞으로 살아갈 주변 환경에 따라 결정되는 것이다.

독일 시인 프리트리히 뤼케르트는 "가장 많은 햇수를 산 사람이 가장 오래 산 것이 아니다. 자신의 삶을 가장 많이 체감한 사람이 바로 가장 오래 산 것이다."라고 말했다. 뤼케르트의 말이 호기심을 자극하는가? 기뻤던 순간들이 머릿속에 떠오르는가? 아니면 그보다는 힘들었던 시절들이 더 먼저 떠오르는가? 삶에 있어 감정을 체감하는 것도 매우 중요하지만 그렇다고 이성을 완전히 무시해서도 안 된다. 또한 이성이 감정의 독재자가 되어서는 안 된다. 이성은 사려 깊은 지휘자 역할을 수행해야 한다.

처벌에 대한 두려움이 삶을 지휘할 때

처벌을 너무 두려워하다 보면 나도 모르게 내가 부족한 존재라는 확신에 사로잡히게 된다. 두려움은 진정 중요한 것이 무엇인지 전혀 알지도 못하면서 마치 모든 것을 다 아는 듯 전문가 행세를 한다. 보험설계사들 중에는 고객의 두려움을 십분 활용하는 이들이 있다. 즉 앞으로 우리 삶에 일어날 무시무시한 시나리오들을 마치 기정사실인 양 열거하며 상품을 판매하는 것이다.

시험에 대한 두려움, 면접에 대한 두려움, 다른 사람이 나를 싫어할 것에 대한 두려움 등 모든 종류의 두려움은 우리의 행동에 모종의 영향을 미친다. 게랄트 휘터는 『두려움의 생물학(Biologie der Angst)』이라는 책에서 "우리 안의 무언가가 갑자기 발동되기 시작해 몸 전체를 관통하는 듯한 느낌이 드는데 거기에 맞설 방법이 전혀 없다…… (중략) ……결국 우리는 절망적인 심정으로 해결책을 찾는다. 위기감을 물리치는 데에 필요한 행동전략을 찾기 위해 수십억도 넘는 신경세포 중 올바른 스위치 하나를 찾아 헤매는 것이다."라고 했다.

두려움이 지휘봉을 든 이상, 이성에게는 좀체 기회가 주어지지 않는다. 벌 받을 것에 대한 두려움은 자신감마저 잃게 만든다. 그런 절망적인 순간에 우리한테 필요한 것은 우리를 이해하고 우리 곁에 있어 줄 사람이다. 휘터의 말을 다시금 인용하자면 "모든 사람들이 자기를 둘러싼 모든 것들을 인식하고, 이해하고, 그에 따라 사랑할 수 있도록 교육받으면서 자라고, 그 가르침에 따라 사는 날이 와야 지구 상에서 두려움이 사라질 것"이라 한다.

보상에 대한 희망이 삶을 지휘할 때

보상에 대한 기대가 너무 크다 보면 긍정적 사고방식 속에 담긴 환상에 사로잡히기 쉽다. 즉 '조건부 가치관'이 모든 행동을 주관하는 것이다. 근시안적인 조건부 가치관은 우리를 올바른 공식만 손에 넣으면 행복이나 불행도 자기 마음대로 선택할 수 있다는 착각으로 오도한다.

진정한 희망이 아닌 보상에 대한 희망은 환상에 불과하다. 어떤 일을 할 때 진심이 담겨 있다면 그 행동에 대한 보상은 중요치 않다. 하지만 기대심리가 작용한다면 우리는 금세 꼭

두각시가 되고 만다. 보상에 대한 기대 때문에 자기가 자기를 늘 감시하게 되고 원하는 행동조차 마음대로 하지 못하는 상태에 빠지기 때문이다. 무언가를 끊임없이 기대하는 심리는 영혼의 심장마비와도 같다. 지금 내가 하고 있는 행동보다는 다가올 보상에만 눈이 멀게 되고, 그 기대 속에 사로잡혀 옴짝달싹하기조차 힘들어지기 때문이다.

인정에 대한 강박관념이 삶을 지휘할 때

남들의 시선을 너무 의식하다 보면 내가 아닌 타인에게서 보금자리를 얻으려는 갈망이 강해진다. 그러나 마음의 안식처는 사람이 아니라 삶 자체가 주는 것이다. 에티 힐레줌의 일기에는 "삶 자체가 샘의 원천이어야 한다. 그 원천이 타인이 되어서는 절대 안 된다. 많은 이들이 진정한 삶을 사는 대신 살아갈 힘을 타인에게서 긷는다. 자기 삶이 아니라 그 다른 사람이 삶의 힘의 원천이 되는 것이다. 그러나 그것은 너무도 왜곡된 발상이고, 부자연스러우며, 터무니없는 일이다."라고 기록되어 있다. 물론 일기장에 기록하기는 쉬울지 모르나 실천하기는 너무도 어려운 말이다.

사람은 누구나 자기와 비슷한 생각을 지닌 이를 갈망한다. 예컨대 나는 뛸 듯이 기뻐서, 그 기쁨을 상대방과 함께 나누고 싶어서 한달음에 달려갔더니 그 사람의 반응은 시큰둥할 때처럼 우리가 큰 실망을 느끼는 적도 드물지 않은가.

죄책감이 삶을 지휘할 때

지휘자가 한 명이 아니라 여러 명이라고 가정해 보자. 게다가 그 여러 명이 번갈아 가며 지휘대에 오르는 것이 아니라 모두가 한꺼번에 단상에 오르는 것이다. 오케스트라 단원들은 어느 지휘봉에 장단을 맞춰야 할지 몰라서 어리둥절해 할 것이다. 믿고 따라야 할 하나의 기준이 없으니 우왕좌왕하는 것도 어찌 보면 당연한 일이다.

죄책감도 그 여러 명의 지휘자처럼 우리로 하여금 방향감각을 잃고 우왕좌왕하게 만든다. 죄책감은 어쩌다가 덫에 걸린 벌레를 절대 놓아 주지 않는 끈적끈적한 거미줄과 같다. 죄책감은 내가 누군가에게 빚을 지고 있다는 말을 귓가에 끊임없이 속삭인다.

어떤 이들은 자기 안에 두려움이 느껴지는데 아무리 노력해도 두려움이 사라지지 않아서 죄책감이 든다고 말한다. 또 다른 이들은 원하는 바가 충족되지 않고 바라던 일이 실패로 돌아가면 모든 책임이 자신에게 있다고 생각한다. 실제로 자기한테 책임이 없을 때에도 마찬가지이다. 그런가 하면 타인의 마음에 들지 못했다는 이유로 자책감에 빠지는 이들도 있다. 하지만 이것 한 가지는 분명히 알아 두기 바란다. 죄책감이 실제로 자기 자신의 잘못과 관련된 경우는 거의 없다!

책임감이 삶을 지휘할 때

책임감이 함께할 때 비로소 자유가 삶이라는 연주회의 지휘자가 된다. 그렇게 되면 죄책감이라는 지휘자는 마지못해 지휘봉을 건네고 토라져서 한쪽 구석에 앵돌아앉아 있을 것이다. 어쩌면 가끔 트라이앵글을 연주할 수도 있겠다.

책임감이라는 단원은 어떨까? 그는 악보에 충실히 연주하는 동시에 자유라는 지휘자가 정해 주는 템포에 초점을 맞춘다. 그런데 음악이 울려 퍼지는 동안 책임감은 자유라는 지휘자가 이끄는 오케스트라에 결코 아무나 끼어들 수 없다는 것을 깨닫는다.

물론 죄책감이나 두려움이라는 지휘자가 지휘봉을 잡고 있을 때에는 자기도 악기를 들 수 없었다, 두려움이 주체가 되는 콘서트는 결코 자유롭지 않으니까……. 그런데 자유를 통해 한 걸음 더 성장한 책임감이 지휘봉을 건네받을 때, 어떤 이들은 겁을 먹는다고 한다. 그렇다, 책임감이 삶을 지휘할 때, 그 연주를 탐탁지 않게 생각하는 관중들이 있을 수 있다는 점을 잊지 말자!

「가르침」

한창 수업중인 교실에 어느 여학생의 아버지가 문을 밀치
고 뛰어 들어왔다. 스승이 무언가를 열심히 말하고 있던
중이었지만 학생의 아버지는 개의치 않았다. 그 자리에
앉아 있던 나머지 학생들에 대한 배려도 잊은 듯, 아이의
아버지는 큰 소리로 딸을 향해 외쳤다. "이 멍청한 자의
발 앞에 무릎 꿇기 위해 얌전히 잘 다니던 대학마저 그만
두었더구나! 그래, 이 자가 대체 네게 뭘 가르쳐 주었니?"
그러자 그 학생은 일어나 아버지의 손을 잡고 조용히 교
실 밖으로 나가서 이렇게 말했다. "스승님은 대학에서 가
르쳐 주지 않은 것을 제게 가르쳐 줬습니다. 아버지를 두
려워하지 않는 법과 아버지의 무례한 행동거지에 화를 내
지 않는 법을 말이지요."

– 앤서니 드 멜로[7]

7) de Mello, Anthony, Der Dieb im Wahrheitsladen, hg. v. Ewald Müller, ⓒ Verlag
Herder, Freiburg i Br. 2000.

삶의 멜로디는 누가 지휘하는가?

삶은 음악과 같다

기존의 전통적인 가치관에도 불구하고 스승은 규칙이나
관습을 그다지 중시하지 않았다.

그러던 어느 날 자신의 제자 한 명이 그 딸과 말다툼을 하
게 되었다. 딸은 남편감을 고를 때 무엇보다 종교부터 따
져야 한다는 아버지의 말에 동의하지 않았던 것이다.

스승은 드러내 놓고 딸 편을 들었다. 그러자 자신의 제자,
즉 딸의 아버지는 어떻게 신을 섬기는 스승이 딸아이의
편을 들 수 있냐며 대뜸 화를 냈다. 이에 스승은 "삶은 음
악과도 같다는 것을 왜 모르느냐, 그리고 음악은 규칙보
다는 감정과 직관에서 비롯되는 것이니라." 라고 답했다.

– 앤서니 드 멜로

감정의 멜로디

감정의 멜로디를 우리는 느낄 수 있다. 이 음악은 상상력과

다양성을 훌륭한 작품으로 빚어내는 풍요의 뿔(cornucopia)과 같다. 그렇기 때문에 음악은 인간의 다양성을 살펴보는 좋은 예가 된다. 사람이 일종의 멜로디라고 생각하고 관찰해 보자. 사람들은 저마다 각기 다른 멜로디를 울린다. 매우 독특한, 세계에서 단 하나뿐인 노래가 존재하듯 우리들 각자도 유일무이한 멜로디이다.

개중에는 기쁨의 멜로디, 자극을 주는 멜로디, 용기와 생기를 부여하는 멜로디도 있고, 들을 때는 분명 마음에 들었지만 금세 잊어버리게 되는 멜로디도 있다. 잊어버렸다는 사실을 아무리 애석해 해도 좀체 다시 떠오르지 않는다. 그러다가 어딘가에서 우연히 그 음악을 다시 들으면 우리는 아이처럼 기뻐한다. 그런가 하면 가슴을 따뜻하게 만드는 멜로디도 있다. 그 음악이 내 안에 따스하게 퍼지는 것을 피부로, 심지어 머리칼로도 느낄 수 있을 정도이다. 그런 음악들은 영혼 깊은 곳에 잠자고 있던 기쁨을 일깨워 준다.

한편 음계가 색다르다든가 노래의 가사가 금방 귀에 들어오지 않는 등의 이유로 두 번, 세 번을 들어도 기억날 듯 말 듯한 변칙적인 멜로디도 있다. 그런 멜로디는 일종의 도전이다. 만약 어떤 멜로디가 너무 낯설고 도저히 마음에 와 닿지 않는다면 그 상태로 내버려 두면 된다. 모든 것을 다 알고 모든 것을 다 좋아해야 할 필요는 없다.

그런데 싫건 좋건 무차별적으로 공격해 오는 멜로디도 있다. 대형 슈퍼마켓에서 장을 볼 때, 근사한 식당에서 밥을 먹을 때, 때로는 심지어 화장실에서도, 그리고 최근에는 병원에서도 우리는 그런 멜로디에 끊임없이 노출된다.

역사를 되돌아보면 수많은 단원들로 구성된 오케스트라를 이끌면서 모든 이들에게 똑같은 멜로디를 읊조리라고 강요한 독재자들이 몇몇 있다. 특히 20세기 천반에 개인의 고유한 멜로디 따위는 무시해도 된다고 생각한 독재자들이 많았다. 그들은 모두가 자신의 지휘봉에 맞춰 연주하기를 원했다.

사실 그들이 한 것은 '지휘'라기보다는 '지배'에 가까웠다. 이에 따라 국민들은 말 잘 듣는 사람, 얌전한 사람, 웃으라면 웃는 사람, 참으라면 참는 사람이 되어야 했다. 그렇게 오랜 기간 동안 경직된 규범과 명령이 인간의 삶을 지휘하는가 싶더니 요즘은 시대정신의 추가 완전히 정반대의 방향으로 흔들리고 있다.

1956년, 에리히 프롬은 "요즘은 감정까지 미리 정해져 있어서 우리 모두가 항상 기뻐하고, 인내하고, 성실하고, 야망 있게 살아야 하며 누구와도 순탄한 관계를 유지해야 한다."며 개탄했다. 반면 그로부터 50년이 지난 지금은 '무엇이든 가능하다' 는 슬로건이 지배적이다.

각종 미디어에서는 사람과 사람 사이에 거리가 완전히 없어진 것이 축복이라도 되는 듯 연일 찬양하고, 몇몇 TV 프로그램에서는 도무지 감정이라고는 없는 사람들이 출연해서 알 수 없는 소리를 해 대는 반면, 다른 한편에서는 인공적으로 사람과 사람 사이에 거리를 만들려는 노력들이 진행 중이다. 공공기관이나 대형 건물들의 바닥에 설치되는 각종 색상의 구분선들이 바로 그것이다.

은행, 우체국, 철도역 등 서비스를 주 업무로 삼는 대형 건물들에 가 보면 바닥에 어김없이 선이 그어져 있다. 앞사람이 서비스를 이용하는 동안 다음 사람은 그 선 바깥에서 기다려야 한다는 사실을 친절히도 알려주는 이 선들을 보면 적어도 아직까지는 '뭐든지 가능한 세상'은 아니라는 생각이 든다.

아마도 가까이 가는 것과 거리를 두는 것의 차이를 제대로 알지 못하는 이들이 많기 때문에 이러한 대책이 마련되었을 것이다. 대형 건물을 이용해 본 사람이라면 누구나 익숙한, 이러한 구분선을 설치한 것은 자신의 삶, 자신의 감정을 제대로 인지하지 못하는 이들이 많고 심지어 자타의 경계조차 흐려지는 지금의 실정을 볼 때 반드시 필요한 조치가 아니었을까 하는 생각마저 든다.

페터 우스티노프 경*은 사람에게 다가가는 것과 거리를 두는 것의 미묘한 차이를 탁월하게 이해한 인물이다. 그의 감동적인 일화 하나를 예로 들어 보겠다.

당시 우스티노프는 BBC 방송국의 3부작 다큐멘터리 「우스티노프가 선정한 인물(Ustinov's People)」 중 인디라 간디 편을 촬영하느라 인도에 체류중이었다. 우스티노프는 미리 약속한 인터뷰 시간을 기다리면서 카메라를 향해 대본 없이 자유롭게 말을 이어가고 있었다. "제가 지금 앉아 있는 이곳은 인디라 간디의 정원입니다. 나무에는 새들이 앉아 있고, 경비들은 저쪽 구석에 서 있군요. 사방은 고요합니다." 그때 갑자기 커다란 소음이 들려 왔고 모두들 동요하기 시작했다. 우스티노프는 "아, 무슨 소리가 들립니다. 아마도 몇몇 사람들이 이 주변에서 길을 잃은 것이겠지요. 경비들이 달려가고 있습니다만 좋지 않은 일이 일어난 것은 아닐 겁니다."라고 말을 이었다. 잠시 후, 카메라가 꺼졌다가 다시 불이 들어왔다. 우스티노프는 자리에서 일어나 이렇게 말했다. "조금 전에 심각한 일이 일어난

---

* Peter Ustinov, 1921-2004. 런던에서 태어나 스위스에서 생을 마감한 저술가이자 배우. 다양한 정치활동을 펼치며 많은 이들의 존경을 받은 인물

것은 아닐 것이라 말씀드렸지만 솔직히 고백하자면 제 자신조차 제 말을 믿지 않았습니다. 조금 전, 인디라 간디가 총을 맞고 쓰러졌습니다. 저쪽 구석에 서 있던 경비들은 이제 그 자리에 없지만 새들은 아직도 나무 위에 앉아 있습니다."

실제로 인디라 간디는 우스티노프와 인터뷰를 하러 오던 중 총상을 입었다. 다큐멘터리 제작자라면 누구나 카메라를 들고 사고가 발생한 지점으로 뛰어갔겠지만 우스티노프는 그렇게 하지 않았다. 그는 비록 물리적으로는 사고 장소에서 떨어져 있었지만 사실은 그보다 훨씬 더 가까이에 가 있었던 것이다.

– 로저 빌렘젠*

우스티노프의 행동에 대한 의견은 극명하게 갈라진다. "프로 정신이 결여되었구먼. 프로라면 그런 장면을 놓칠 리 없지."라는 이들이 있는 반면, 인간의 존엄성을 유지하려는 우스티노프만의 방식에 감동하는 이들도 있다.

---

* Roger Willemsen, 1955년생. 독일 방송인이자 작가. 유명인들과의 대담 프로그램을 비롯해 각종 문화 프로그램의 진행자로 잘 알려짐

이성의 멜로디

진정한 멜로디에 있어 날카로운 이성은 어쩌면 필요하지 않을 수도 있다. 이성은 우리 안의 멜로디에 언어를 부여하고 생각에 실현가능성을 부여하는 기능을 수행할 뿐이기 때문이다. 이성의 도움으로 우리는 글을 읽고, 난관을 극복하고, 예컨대 수영을 배우고, 이제 그만 TV를 꺼야겠다는 생각을 하게 된다. 그 외에도 이성이 필요한 때를 열거하자면 끝도 없다.

이렇게 볼 때 이성은 분명 좋은 것이지만, 자세히 들어가 보면 마냥 좋기만 한 것도 아니다. 리하르트 폰 바이체커는 "양심 없는 지식은 인류를 위협하는 최대의 요소"라 했다. 이성이 도저히 극복할 수 없는 문제들도 있다. 다시금 프로이트를 인용하자면 이성은 "자기 집의 주인"이 아니다. 어떤 것이 내 마음에 들지 않을 때 이성의 힘이 얼마나 보잘것없는 것인지를 우리 모두가 익히 알고 있다.

이성과 관계된 한 가지 예를 들어보자. 오늘의 다이어리를 살펴보니 약속이 한 건 있다. 오래전에 했던 약속이다. 3주 전만 하더라도 친구들과 영화를 보러 가는 게 정말 신날 것 같았고, 그랬기에 약속을 정한 순간 모두들 기뻐했다. 그런데 막상 당일이 되니 해야 할 일도 많거니와 외출하고 싶은 마음도 들지 않는다. 이제 이성은 그럴싸한 핑계거리를 찾아야 한다는 피곤한 과제를 떠안는다. 아마도 '약속을 완전히 취소하는 것은 아니고 다음으로 미루자'는 정도의 핑계가 떠오를 듯하다.

이성, 그러니까 의식적인 사고를 갓난아기에게 요구할 수는 없다. 이성적 사고는 어느 정도 나이가 들어야 가능한 것이다. 그런데 이성이 눈뜰 무렵부터는 외부 요인의 영향을 받으면서 지성을 매우 중시하게 되는 듯하다.

하지만 '지식인'이란 말 자체만 두고 보자면 사유 능력이 '비대해진', 그러니까 이성적 사고 능력만 과다하게 발달된 인간유형을 가리키는 말에 지나지 않는다. 즉 양심 없는 지식이 건강한 사유 능력 위에 무성히 자라나면서 심지어 지식을 위해서라면 인간성마저 희생시킬 위험을 내포하고 있다는 뜻이다.

로베르트 무질은 『특성 없는 사나이(Mann ohne Eigenschaften)』에서 "탐욕과 연관된 지식은 조잡한 절약정신을 대변할 뿐이고 오만한 내적 자본주의에 지나지 않는다."라고 했다. '탐욕으로서의 지식'이라는 무질의 말이 대체 무슨 뜻일까? 뭔가를 달달 외워서 머릿속에 기억했다가 필요할 때면 불러내는 지식, 퀴즈 프로그램 같은 데에 출연해서 상금을 타 가는 상식을 가리키는 말일까? 유쾌한 저녁모임에서 자기가 아는 것들을 늘어놓으며 아무것도 모르는 참석자들을 피곤하게 만드는 그런 지식을 뜻하는 것일까?

그들은 바람 부는 언덕에 서 있지도 않으면서 바람이 어느 방향으로 불지 다 아는 양 행세한다. 어쩌면 풀이 자라는 소리도 들었고 벼룩이 기침하는 소리도 들었다고 말할지도 모를 노릇이다. 의식도 하지 않고 있다가 어느 순간 살펴봤더니 풀이 꽤 자라 있는 모습을 볼 수만 있고 벼룩은 아마도 기침을 하지 않을 것 같다고 상상만 할 수 있는 우리로서는 황당하기 짝이 없는 소리들이다.

그럼에도 불구하고 어쨌든 앎의 범위를 넓히고 상식을 쌓는 것이 나쁘다고 말할 수는 없다. 단, 그렇게 쌓은 지식을 개인적 경험과 연계시키지 못하는 한, 더 큰 맥락을 보는 혜안을 얻을 수 없다는 점은 명심해야 한다. 정보를 받아들이고 그것을 자기 것으로 소화하는 능력을 계발한다는 말은 내 행동을 계획하고 그 행동이 불러올 여파까지 예측한다는 의미이다.

이성은 책임감을 실천하는 도구는 아니다. 어떤 이들은 이성을 발휘해 자신과 타인의 감정을 조절하기도 한다. 주도면

밀한 관찰에 기인한 능력이라 할 수 있겠다. 하지만 그 사람들에게는 진정한 역지사지, 즉 감정이입과 공감의 능력이 결여되어 있다. 그들은 단순한 기본 감정들을 표현하는 데에는 능숙할지 몰라도 복잡 미묘한 감정들을 세분화하고 발달시키는데에는 미숙하다.

양심 없는 지식으로 일을 도모했을 경우 어떤 일이 일어나는지는 1972년 하임 G. 기너트가 출간한 책 『스승과 아이(Teacher and Child)』에 잘 나타나 있다.

존경하는 선생님께

저는 강제수용소에서 살아남은 아이입니다.

저는 그 누구도 절대 보아서는 안 될 것을 제 눈으로 목격했습니다.

교육받은 공학자들이 설계한 가스실,

숙달된 의사들이 놓아 준 독주사를 맞은 아이들,

훈련된 간호사들에 의해 죽임 당한 갓난아이들,

대학졸업자들에 의해 총을 맞고 불에 탄 여인과 아기들.

그런 까닭에 저는 교육에 대한 불신이 생겼습니다.

그래서 저는 교사가 학생들에게 인간성을 가르쳐야 한다고 요구합니다.

선생님들의 노력이
교육받은 무뢰한, 많이 공부한 사이코패스, 대학을 졸업한 '아이히만'*들을 양성하는 데에 쓰여서는 절대 안 됩니다.

읽기, 쓰기, 셈하기는
우리 아이들을 보다 인간적으로 키우는 데에 기여할 수 있을 때에만
중요한 것입니다.

인생은 의무에 따른 행동과 개인적 책임감 사이에서의 줄타기가 아니다. 인생은 오히려 사다리 오르기에 가깝다. 내게 주어진 삶을 능가해야 한다고 믿는 순간, 우리는 사다리에서 추락하고 만다. 그렇다고 지나온 길을 다시 내려가자니 너무도

---

* Adolf Eichmann, 1906-1962. 유대인 최종 말살의 계획자이자 유대인 말살의 실무 책임자였던 아이히만은 국제 전범으로 체포된 후 1962년 이스라엘 인근 도시에서 처형됨

많은 에너지가 필요하다.

하지만 지금까지 걸어온 길, 올라온 길이 있기에 추락이 그리 무서운 것은 아니다. 낙법에도 점점 더 익숙해진다. 사다리의 몇몇 칸은 아예 비어 있고, 어떤 칸은 붙들어도 소용없을 정도로 끊어져 있으며, 어떤 칸은 잡는 순간 내 몸무게를 이기지 못하고 끊어진다. 겨우 몇몇 칸만이 내 몸무게를 지탱해 줄 뿐이다. 이렇듯 사다리 오르기는 세심함과 주의라는 도전을 우리 앞에 제시한다.

그런데 사다리를 오를 때 절대로 떨어지지 않게 해 준다는 특수화를 판매하는 기관들이 있다. 그 신발은 로프에 단단하게 고정되고 발에 딱 맞게 고안되어, 매뉴얼을 제대로 따르기만 하면 그 신발 덕분에 절대 추락하지 않을 수 있다고 한다. 손잡이를 놓쳐도 로프에서 떨어져 추락하는 법이 없다. 대신, 로프에 대롱대롱 매달려서 머리를 아래로 향한 채 세상을 거꾸로 보게 된다.

이 특수화는 바로 사회 규범과 규칙이다. 규칙과 규범들은 도저히 발을 뺄 수 없을 정도로 단단하게 고정되어 있다. 사실 그 특수화는 단 한 개의 모델밖에 생산되지 않는다. 방식은 늘 똑같다. 우리도 이미 잘 알고 있다. 그 방식에는 감정이나 감각이 들어설 자리는 없다. 신발이 내 발에 맞지 않아 눌린 자국이 생기는 정도일 뿐이다. 그나마 신발의 위쪽은 다양성을 자랑한다. 다양한 색의 신발 끈이 있고, 끈을 묶는 방법도 다르고, 고무의 배색도 신발마다 조금씩 다르다.

그러나 장식이 얼마나 화려하든, 혹은 조잡하든 간에 한 가지 사실에는 변함이 없다. 삶을 체감하는 것을 방해한다는 사실이다. 사람들은 감히 맨발로 사다리를 탈 생각을 하지 않는다. 너무 아플 것 같기 때문이다.

우리는 으레 감각과 이성을 동떨어진 것으로 본다. "왜 그렇게 민감하게 반응해?", "뭣 때문에 그렇게 감정적으로 나오는 거야?" 등등의 말들은 이성으로 모든 문제를 해결할 수 있다는 생각에서 나오는 것이다.

요즘 전해 듣는, 몇몇 이들에 의한 잔악한 범죄가 감각에 의한 것인지 이성에 의한 것인지 나로서는 알 수 없다. 나는 다만 감각을 느끼는 능력이 줄어들수록 감탄의 능력도 줄어든다는 것만 말할 수 있을 뿐이다. 무언가에 감탄하는 능력이 사라졌다는 것은 인지력의 일부가 소멸된 것이다. 우선은 세심함이 줄어들고 나아가 다른 사람에 대한 존경심과 감정이입 능력이 최소한으로 축소된다. 사랑할 수 있는 능력과 절망을 이겨 낼 수 있는 인내력이 줄어드는 것은 거론할 가치도 없을 만큼 자명한 일이다.

그런데 요즘은 그 모든 능력이 '사회성'이라는 한 마디로 압축되었고, 구인광고에서는 '위에 열거한 과제를 처리할 수 있는 능력'이라는 말로 모든 것을 요약하고 폄하시키고 있다. 어쩌면 요즘 사람들이 말하는 사회성이 곧 양심을 뜻하는 것인지도 모를 일이다.

양심의 멜로디

양심의 멜로디를 즐겨 듣는 사람은 없다. 양심이 발동한다는 말은 이성이 처리해야 할 숙제가 생겼다는 말이요, 적어도 표면적으로 불쾌한 감정이 인다는 것을 뜻하기 때문이다. '양심'이라는 말을 잘못 이해하는 이들도 많다. 에리히 캐스트너는 "우리의 양심은 늘 올바른 길을 간다. 다만 우리 자신이 때로 그릇된 길을 갈 뿐이다."라고 말했는데, 그 뜻이 무엇일까? 혹은 프랭클은 대체 무슨 의도로 "처벌에 대한 두려움, 보상에 대한 희망, 타인의 마음에 들고자 하는 바람 등이 내 행위를 결정짓는 한, 진정한 양심은 감히 입을 뗄 수조차 없다."고 말했을까?

사람은 누구나 양심을 지니고 있다. 양심은 잊을 만하면 나타나서 우리를 괴롭힌다. 그만큼 괴롭히는 친구가 있었다면 이미 오래전에 절교를 선언하고도 남았을 것이다. 양심은 때로는 큰 목소리로 경고를 하고 때로는 제발 자기 말을 들으라며 낮은 목소리로 종용한다. 양심은 미리 정해진 법규나 명령에 따라 움직이는 것은 아니다. 그저 각자의 느낌, 각자의 감각과 조율하며 발전하는 것일 뿐이다.

우리는 양심을 몸으로 느낀다. 양심이 발동할 때 몸은 더 이상 눈에 보이는 물리적인 살덩어리가 아니다. 의학적으로 측정하고 진단할 수 있는 것도 아니다. 평소에는 두통을 호소하고 목이 뻐근하다며 앓는 소리를 하고 체한 것 같다며 불평했다 하더라도 양심이 발동할 때에는 그와는 다른 아픔이 느껴진다.

양심은 신체적 통증 없이 우리를 괴롭힌다. 그럼에도 불구하고 우리는 양심을 '체감'한다. 그럴 때 양심의 목소리는 마치 오래된 노래의 가사처럼 "기분이 이상하네요. 오늘은 그냥 기분이 왠지 안 좋은 것 같네요."라고 속삭인다. 그 느낌을 우리는 몸으로 껴안는다. 마치 몸 전체가 양심으로 똘똘 뭉친 듯하면서 내가 진정한 삶을 살고 있는지 아닌지를 강하게 체감한다.

뭔가가 잘못되고 있다는 느낌이 강렬하다. 내가 선택한 이 길이 아닌 다른 길을 선택할 때 내 마음이 훨씬 더 편해질 것이라는 예감도 든다. 그러한 예감, 나아가 그에 대한 확실성이 곧 삶의 지혜이다. '너는 지금 네 삶에서 벗어난 길을 가고 있어.'라는 조용한 목소리가 곧 삶의 지혜이다. 그 지혜의 목소리는 모든 것이 완벽해 보이는데도 불구하고 기분이 나쁠 때면 특히 더 목소리를 높인다.

오래전부터 '양심' 은 '통상적 도덕' 과 혼용되어 왔다. 그러나 빅터 E. 프랭클은 조금 다른 시각을 지니고 있었다. 그는 "양심은 인간에게 국한된 특수한 현상이다. 양심은 말하자면 어떤 상황에서든 그 상황을 감지하는 유일무이하고도 고유한 감각이라 정의할 수 있다. 한마디로 말해 양심은 일종의 감각 기관이다."라고 했다. 그런데 유일무이하고도 고유한 감각으로 무언가를 판단한다는 것은 또 무슨 의미일까?

살아가는 내내 우리는 가능성과 필요성 사이의 긴장을 느낀다. 무언가를 할 수 있다는 것과 해야 한다는 것 사이에서 긴장감을 느끼는 것이다. 그러는 한편에서는 늘 새로운 것과 대면한다.

예컨대 사랑이 시작될 때 그 관계에 어떤 긴장이 숨어 있을지 좀체 예감할 수 없다. 그러다가 서로 헤어져서 혼자가 된다고 해서 긴장이 멈추는 것도 아니다. 그때가 되면 완전히 새로운 종류의 긴장이 또다시 우리 삶에 등장한다. 예컨대 도저히 같이 살 수 없는 남자와 헤어지고 나니 임신 사실을 알았고 아

이가 태어나는 식이다. 한편으로는 너무 기쁘지만 다른 한편
으로는 앞으로 다가올 날들에 대한 불안감이 엄습한다. 물론
지금의 기쁨에 취한 나머지, 앞으로 몇십 년 동안 겪을 일을
상상조차 하지 못하는 이들도 있다. 삶이 각자에게 제시하는
가능성만큼이나 각자가 느끼는 감정도 상이하다.

　수용소에서 살아남는다는 게 어떤 것인지, 우리 대부분은
알지 못한다. 그것을 실제로 체험한 프랭클은 자유의 몸이 된
직후의 소감을 편지에서 이렇게 표현했다.

　　물론 내겐 빈에서 돌아와 찾을 수 있는 한 친지들을 찾아
　　서 함께 데려오고픈 마음이 있었습니다. 어쨌든 거기에
　　대해서 적어도 거론이라도 하는 게 내 양심에 빗대어 옳
　　다는 생각이 드는군요. 한때 나는 미국으로 건너가는 것
　　에 반대했었죠. 비자가 있었는데도 불구하고 말이지요.
　　나이 든 부모님을 전쟁이 한창인 유럽에 남겨둘 순 없었
　　거든요! 그 때문에 부모님 곁에 머물렀어요. 그러지 않았
　　다면 내가 수용소에 가는 일은 없었겠지만 말입니다. 하
　　지만 그 결정을 조금도 후회하지 않습니다. 그건 내게 있
　　어 책임의 문제였어요. 누구도 그 책임으로부터 나를 해
　　방시킬 수 없었을 겁니다. 그리고 지금의 결정도 결국 책

임감 때문입니다. 어머니와 아내를 찾으려면 꼭, 반드시 가야만 한다는 느낌이 들거든요. 내 모든 행동이 내 양심에 따른 것이라는 사실을 믿어 주실 것 같군요……(중략) 저는 제 자신의 양심이 아니라 소중한 사람의 마음에 상처를 입히는 것이 최소한의 악이라고 생각합니다. 인간 대 인간으로서 말씀드리는 것인 만큼 너그러이 이해해 주시길 부탁드립니다.

– 빅터 E. 프랭클[8]

---

8) …trotzdem Ja zum Leben sagen Und ausgewählte Briefe(1945–1949), hg. v. Alexander Batthyany, Karlheiz Biller u. Eugenio Fizotti, Böhlau Verlag, Wien/Köln/Weimar 2005.

내 삶의 현은
어떻게 조율되어 있는가?

바이올린, 기타, 하프 등 특정 악기를 연주하는 이들은 공연에 앞서 악기를 조율해야 한다. 조율을 하려면 고요한 환경과 발달된 귀가 필요하다. 네 줄의 현을 조율하는 바이올리니스트는 여섯 줄을 조율해야 하는 기타리스트보다 대체로 빨리 작업을 마칠 수 있고, 마흔일곱 줄을 조율해야 하는 하프 연주자는 그보다 훨씬 더 오랜 시간과 수고를 기울여야 한다는 어림짐작이 가능하다.

그런데 하프 조율보다 더 오랜 시간이 걸리는 것이 바로 삶이라는 악기의 현을 조율하는 작업이다. 언뜻 보기에는 눈에 보이는 몸이 유일한 '현'인 듯하다. 그러나 쉽게 눈에 띄지 않는 영혼과 정신이라는 현도 분명 우리를 구성하는 일부분들이다. 신체의 현은 건강한 식사와 충분한 운동으로 조율할 수 있다.

하지만 영혼의 현은 매우 민감하고 음정이 금세 뒤틀려 버리기도 한다. 심지어 현이 끊어지는 경우도 있다. 지나친 부담 때문에 줄이 터지는 경우도 있지만 아무 이유 없이 현이 끊어져 버릴 때도 있다. 한편 정신의 현은 지나친 부담 때문에, 혹은 아무 이유도 없이 끊어지지는 않는다. 정신의 현은 곧 삶의 현이다. 이 현은 우리 스스로 조율할 수도, 음정을 조절할 수도, 맞지 않는 음으로 바꿀 수도 없다. 우리가 그 현을 조율하는 것이 아니라 그 현이 우리를 조율하는 것이다.

신체의 현과 영혼의 현에는 약간의 영향력을 행사할 수 있다. 예컨대 다음의 질문들을 통해서이다.

● 내 삶의 현은 어떻게 조율되어 있을까?
● 내 삶의 기본적인 음계는 장조일까 단조일까? 나는 주로 밝고 유쾌한 음계에 따라 살고 있을까, 아니면 어둡고 우울한 음계가 내 안에 자리 잡고 있을까?
● 내 삶의 현이 단조에 맞춰져 있을 때 나는 그 슬픔을 있는 그대로 받아들이면서 참는 편일까, 얼른 기분을 전환하는 편일까?
● 지금까지 나는 얼마나 오랫동안 남들이 쓴 악보를 연주해 왔을까?

● 남들이 내게 연주하라고 준 악보는 어떤 것들이었을까? 자기들이 듣고 싶은 곡, 자기들 마음에 드는 곡들이 아니었을까?

● 나 스스로 내 자신을 위한, 그 누구도 아닌 나만을 위한 곡을 써 볼 기회가 있었던가?

● 그때 내가 연주한 곡이 어떤 곡이었을까?

● 지금까지 내 삶의 현이 타인에 의해 결정되고 조율되어 온 것은 아닌가?

● 내 자신의 곡을 써 보고 싶다는 마음이 드는가?

● 내 자신의 곡을 연주할 수 있다는 자신감이 있는가?

● 혹시 내가 내 자신의 악보는 한쪽 구석에 보관해 뒀다가 아주 가끔씩만 꺼내 보고 있는 것은 아닌가?

● 내 자신의 악보를 연주할 때 어떤 느낌이 들었는가?

● 내 자신의 멜로디를 연주하는 동안 편안한 기분이 들었는가?

● 남들이 내 멜로디를 좋아해 줄 때 기쁜 마음이 들었는가?

● 남들이 내 멜로디를 좋아하지 않을 때에는 어떤 기분이 들었는가?

● 남들의 반응 때문에 내 자신의 악보를 한쪽 구석에 처박아 두고 다시 그 사람들이 좋아하는 멜로디를 연주하지는

않았는가?

● 나는 내 삶의 현을 재빨리 조율할 수 있을까?

● 삶의 음정이 삐걱거릴 때 나는 어떤 기분이 드는가?

● 나는 악기의 음정이 맞지 않더라도 그냥 그대로 연주를
계속하는 편인가?

● 혹은 시간을 내어 음정을 다시 조율하는 편인가?

● 무엇으로 악기의 음정을 조율하는가?

● 조율할 때 기준이 되는 것은 무엇인가?

● 나는 어떤 방식으로 나만의 음정, 나만의 소리를 찾아내는
가?

● 내가 기타(guitar)가 되었을 때, 트롬본의 소리에 맞서 본
적이 있던가?

● 누구도 나와 함께 연주하려 하지 않던 시절이 있었던가?

● 그런 경우, 나는 '나 홀로 콘서트'를 개최했던가?

● 혹 악기를 한쪽 구석에 세워 두지는 않았던가?

● 꼭 한 번 연주해 보고 싶은 곡이 있는가? 있다면 어떤 곡
인가?

위의 질문들은 일종의 튜너(tuner)인 셈이다. 삶의 현을 조율
함에 있어 이 튜너를 십분 활용하고 싶다면 위 질문들에 대해

심사숙고하고 세심하게 답변해야 한다. 다시 말해 이 질문들을 양심의 가책을 느끼기 위한 도구로서가 아니라 자기 자신과 자기 삶을 백퍼센트 체감하기 위한 일종의 자극으로 활용해야 한다는 뜻이다.

삶을 충분히 체감하고 삶의 현을 조율하는 또 하나의 방법은 글을 읽는 것이다. 감동을 주는 인물, 우리의 생각과 행동에 자극을 주는 인물들의 글은 삶의 자취를 발견하는 데에 커다란 도움이 된다.

수도사이자 시인인 토머스 머튼은 1915년, 프랑스의 피레네 산맥 지역에서 태어나 1968년에 생을 마감하기까지 60권 이상의 책을 남겼다. 기독교 영성가로도 잘 알려진 그의 작품들 중에는 정부의 정책, 인간성을 말살하는 전쟁과 군비증강, 미국 사회의 경제적 부정 등에 대한 비판의 글이 많았다. 아래에 인용된 머튼의 글은 편안한 삶에 대해 많은 것을 생각하게 만든다.

당신이 나를 알고 싶다면 내가 어디에 사는지, 무엇을 즐겨 먹는지, 머리를 어떤 식으로 빗는지를 물어서는 안 됩니다. 그보다는 내가 구체적으로 무엇을 위해 사는지, 그리고 내가 내 삶을 바쳐도 좋다고 생각하는 것들에 내 모든 것을 쏟아 붓지 못하는 이유에 대해서 물어보아야 할 것입니다.

– 도로테 죌레, 『신비와 저항(Mystik und Widerstand)』

한편 빅터 E. 프랭클은 강제수용소에서 풀려난 후 삶의 현이 떨리지 않았던 기억을 다음과 같이 기록했다.

그러다가 어느 들판에 도달한다. 들판에는 꽃들이 한창 피어나고 있다. 그 사실을 알아채기는 하지만 그것을 '느끼지는' 못한다. 그러다가 어느 순간, 화려하고 알록달록한 꼬리 깃털을 뽐내는 수탉 한 마리를 발견한 바로 그 순간, 기쁨이 불꽃이 미약하나마 최초의 빛을 발한다. 하지만 그것은 말 그대로 순간적인 번득임에 불과할 뿐, 아직까지도 자신이 그 세계의 일원이라는 것을 느끼지 못한다. 이번에는 밤나무 아래의 자그마한 벤치에 앉아 본다. 아……, 그때의 표정이 어땠을지는 아마도 신만이 알 것이다. 그러나 아직도 여전히 세상에 대해서는 무덤덤할 따름이다.

며칠이 지난다. 그 며칠 동안 굳었던 혀뿐만이 아니라 내면의 무언가가 녹더니 어느 순간, 감정은 그때까지 자신을 가로막고 있던 기이한 장벽을 깨부수며 돌파구를 찾는다.

내 자신에 대한 질문도, 앞서간 위대한 인물들의 글도 삶의
현을 조율하는 데에 도무지 도움이 되지 않을 때에 활용할 수
있는 '기적의 묘약'이 있다. 음악이 바로 그것이다. 음악이 우
리 뇌에 얼마나 큰 자극을 주는지 알고 나면 아마도 한층 더
집중해서 음악을 감상할 수 있을 것이다. 음악은 그 어떤 것보
다 더 집약적으로 우리 뇌의 신경세포를 활성화시킨다. 음악
을 듣는 동안에는 별 다른 노력 없이도 기쁨을 체험할 수 있
다. 어려운 시기라 하더라도 예외는 아니다.

자기 삶의 주인이 되는 5분 명상

신 외에 다른 음악의 원천이 있다는 생각은 전혀 들지 않는다.

음악과 접촉한 뒤 아무런 변화 없이 일상으로 되돌아가는 이는

아무도 없다.

만약 그렇다면 그는 제대로 접촉하지 않은 것이다.

– 니콜라우스 아르농쿠르

* 의식적으로 시간을 내어 음악을 듣자. 적어도 5분 동안은 음악을 듣는 것 외에 아무것도 하지 않아 보자.

* 어떤 노래, 혹은 어떤 음률이 특히 마음에 와 닿는다면 거기에 몰입해 보자. '내가 왜 이러지?' 라는 생각 없이 몇 번이고 반복해서 그 음악을 들어 보자.

* 일상이 나를 너무도 짓누를 때 음악을 들으면서 내 자신과 내 머리를 쉬게 해 보자.

용서의 한계

"이제 제발 화 좀 풀어!"

"까짓것, 그냥 용서해 버려. 그렇게 어려운 일도 아니잖아!"

"용서하고 나면 네 마음도 훨씬 더 편해질 거야!"

독자들도 위의 말들을 때로 듣거나 직접 해 본 적이 있을 것이다.

하나같이 다 맞는 말들이다. 용서만 하고 나면 실제로 자기 마음도 한결 가벼워진다. 문제는 용서를 하라고 스스로 명령을 내릴 수도, 남에게 강요할 수도 없다는 것이다. 지금부터 풀어 나가게 될 용서에 관한 이야기가 독자들에게 용기를 심어 주기 바란다. 그리고 한 마디만 더 덧붙이자면, "용서해야만 해."라는 요구를 듣고도 마음이 움직이지 않을 때, 혹은 아무도 나를 이해하지 못한다는 생각이 들 때에는 이성을 발휘해 해당 사안을 분석해 보는 것이 좋다고 충고하고 싶다.

용서를 할지 말지를 결정할 때에는 갈등이 다시금 불거지는 사태를 막기 위해 내가 얼마나 더 고통 받아야 하는지를 물어 봐야 한다. 이성은 언제, 어떻게 힘을 잃고 약한 모습으로 변질되며 새로운 갈등을 조장하는 것일까?

인간성을 중시했고 남을 용서하는 능력이 남달랐던 빅터 E. 프랭클은 바로 그러한 능력 때문에 늘 공격과 질타의 대상이 되곤 했다. 이에 대해 프랭클 자신은 "언급해야 할 가치가 있다고 생각되는 것들에 대해 차라리 침묵하면서 모든 이들의 마음을 만족시키는 편이 더 나을까? 표면적 동의를 얻기 위해 내 안의 굳은 확신에 대해 입을 다무는 것이 진정 옳을까? 허상과 실상 중 과연 어느 것이 더 중요할까?"라고 했다(출처: 해든 클링버그, 『삶이 우리를 부를 때(When Life Calls Out to Us: The Love and Lifework of Viktor and Elly Frankl)』).

용서에 관한 깊은 생각

이성에게 명령을 내림으로써 용서가 가능해진다면 거기에 대해서 더 이상 왈가왈부할 필요도 없다. 지금까지 쌓아 온 지식과 자기 자신 및 타인에 대한 강인함, 그리고 중립성이라는 도구들에게 용서의 업무를 위임하면 그만이다. 하지만 현실은 그렇게 녹록치 않다.

용서의 능력, 혹은 누군가를 용서하라는 요구만큼 감정과 연관이 깊은 것도 드물다. 그런데 용서가 필요한 상황은 어떻게 만들어지는 것일까? 아마도 나 스스로 중요하다고 여기는 가치가 무시당했거나 폄하되었고, 이로 인해 마음의 상처를 입었을 것이다. 그러나 악의로 인해 마음의 상처를 입는 경우는 거의 없다. 그보다는 상대방이 내가 어떤 가치들을 중시하는지 몰랐기 때문인 경우가 더 많다. 마음이 상했다는 것은 늘 내가 소중히 여기는 어떤 가치가 그에 합당한 평가를 받지 못했고 그로 인해 마음의 고통이 일었다는 것을 뜻한다.

"그래, 용서해 줄게."라는 말은 용서를 하려는 시도에 불과하다. 진정 상대방을 용서하겠다는 마음이 전제되었다 하더라도 이 말은 잘해야 내 자신을 잠시 속이는 행위, 타인을 용서받았다는 착각으로 오도하는 행위에 불과하다. 때로 우리는 "그래, 별일도 아닌데 뭐.", "좋아, 이제 그만하는 게 좋겠어."라며 상대방을 너무 쉽게 용서하곤 한다. 하지만 실제로 마음에 상처를 입었고 그로 인한 고통이 계속되고 있는 한, 너무 빨리 용서를 약속해서는 안 된다. 그 용서를 유지할 힘이 없는 상태이기 때문이다. 상대방이 정말로 이해심과 선의를 지닌 이라는 확신이 든다면 내 마음이 얼마나 아팠는지, 경솔하게 내뱉은 말 한마디나 무시하는 듯한 말투, 혹은 고의적으로 상처를 입힌 행위가 왜 내게 그토록 고통이 되었는지를 상대방과의 대화를 통해 푸는 것이 좋다. 상처가 치유되지 않은 한 용서에 필요한 아량이 생기지도 않는다.

– 오이겐 드레버만, 『사랑의 시절(Zeiten der Liebe)』

"난 그런 것쯤엔 끄덕도 하지 않아."라는 사람들은 위의 글을 읽어도 아무런 감흥이 오지 않을 것이다. 하지만 그 말 속에는 대개 약간의 쓸쓸함이 묻어 있다. 용서에 대해 심사숙고할 때 잊지 말아야 할 것이 있다. 모욕을 당하거나 상처를 입은 바로 그 부분이 과연 내가 이렇게 가슴 아파할 만큼 가치 있는 것인지에 대한 질문은 그다지 도움이 되지 않는다. 그보다는 "자신에게 정해진 정도(程度)를 넘어서는 모든 행위에 대해서 참회해야 한다. 아무런 벌도 받지 않은 채 너무 고집을 피워서도, 너무 순응을 해서도 안 된다."는 헤르만 헤세의 말을 마음에 새겨야 할 것이다.

조화와 용서

조화를 최선의 가치로 여기는 상황에서 나머지 가치를 실천하기는 매우 어렵다. 참을 수 없는 찌는 듯한 무더위와 후텁지근한 공기를 정화하려면 때로는 천둥, 번개를 동반한 폭우가 필요한 법이다. 날씨뿐 아니라 사람도 때로는 청정하고 명쾌한 것을 원한다. 그런데 명쾌한 것을 요구할 경우, 상대방은 대개 두려움을 느낀다. 그러다 보면 명쾌함 대신 조화(harmony)만 생성된다. 물론 그 조화는 미적지근한 평화에 지나지 않는다. 이러한 조화에는 으레 대가가 따른다. 미적지근한 평화를 얻기 위해 진정 중요한 것을 포기해야 하는 것이다.

독일어를 매우 아꼈던 헤르만 헤세는 자신에게 자작시 몇 편을 보내 온 어느 여인에게 폭우와도 같은 내용의 편지를 보냈다. 『대답은 바로 너(Die Antwort bist du selbst)』에 인용된 그 편지에는 "더 이상 내게 편지를 보내지 말라고 부탁드리고 싶습니다. 당신은 나, 나라는 존재, 내 신념에 대해 아무것도 모릅니다. 그리고 당신이 그리도 당신께서 자주 언급하신 신, 그러니까 독일어라는 훌륭한 언어를 이 세상에 선물하신 바로 그 신께서 당신이 그 끔찍한 시구(詩句)들로 독일어를 훼손하는 행위마저 용서하시길 바랍니다."라고 적혀 있었다.

오해의 소지를 막기 위해 다시 한 번 분명히 밝히건대, 앞서 말한 '자신에게 정해진 정도'는 변덕에 관한 문제가 아니라 가치에 관한 문제이다. 디트리히 본회퍼는 이에 대해 "인간적 거리가 무엇인지에 대한 진정한 감정을 다시 일으켜 세울 용기를 지니지 않는다면, 나아가 이를 위해 몸바쳐 투쟁할 각오가 되어 있지 않다면 인간적 가치의 부재 속에서 우리는 사망하고 말 것이다……(중략)…… 자기 자신과 타인에게 어떤 빚을 지고 있는지 더 이상 알지 못하는 곳, 인간적 가치에 대한 감정과 인간적 거리를 유지할 힘이 사라져 버린 곳이 있다면 그곳은 지금 혼란에 빠지기 직전이다." [9]라 표현했다.

용서의 기술에 있어 매우 중대한 한 가지 요소가 있다. 그것은 바로 조화를 위한 용서인지, 내게 감동을 주고 내가 진심으로 중시하는 가치를 위한 용서인지를 아는 것, 즉 그 둘의 차이를 깨닫는 것이다.

자기 삶의 주인이 되는 5분 명상

> 가장 큰 고통은 인간이 스스로에게 주는 것이다.
>
> – 마네 슈페르버

- 나라는 그릇의 기본이 사랑과 애정, 신뢰와 배려 등과 같은 삶의 가치들에 근거한 것인가?

- 혹은 나라는 존재가 잘난 척하기, 무조건 내가 옳다고 우기기, 경직된 규칙과 원칙을 고집하기 등으로 점철되어 있는가?

- 나는 결과(consequence)와 처벌(punishment)의 차이를 알고 있는가? 습관을 바꾸는 것이 때로는 위기상황을 타개하는 결과라는 사실을 나는 알고 있는가?

자신감과 용서

용서를 해야 하는 상황에서 가장 큰 타격을 입는 것은 바로 자기 자신에 대한 신뢰감이다. 자신에 대한 믿음이 약해지면서 분명 자신이 실수를 저질렀을 것이라는 의심과 확신이 커져 가는 것이다. 오로지 자기 자신만이 갈등의 원흉이라는 착각 때문에 근심의 고리를 끊을 수 없을 때가 많다. 그럴 때엔 불쾌한 감정과 진정한 감각을 따로 떼어서 생각해 보는 것이 좋다. 우선은 아래의 울리히 샤퍼의 글을 주의 깊게 읽은 다음 그 둘의 차이에 대해 진지하게 고민해 보기 바란다.

네겐 널 지킬 권리가 있어,

너를 이해하지 않으려 작정한 사람들,

그러면서 이미 널 안다고 말하는 사람들,

네 생각을 존중해 주지 않는 사람들,

네 생각을 지배하려는 사람들로부터 말이야.

네겐 권리가 있어,

등을 돌릴 권리,

그 사람들을 저버릴 권리,

그 사람들을 더 이상 초대하지 않을 권리,

그 사람들의 말을 중시하지 않을 권리,

그 사람들을 피해 다닐 권리,

네가 마치 그 사람들의 결정을 진지하게 받아들이지 않기

라도 한 것처럼

늘 해명을 하지 않아도 될 권리가 말이야.[10]

이 글을 읽는 동안 어떤 느낌이 들었는가?

약간 슬픈 마음이 들었는가? 마음이 조금 가벼워지는 것을 느꼈는가? 그리고 곧이어 "아냐, 내가 저만큼 오만할 리는 없어!"라는 생각이 들었는가?

아니면 일종의 우월감을 느꼈는가? 그리고 그에 이어 "뭐, 더 읽을 필요도 없겠군. 어차피 내가 다 아는 것들이잖아?"라는 생각이 들었는가?

슬픈 마음이 들었다면, 윗글을 다시 한 번 읽어보기 바란다. 아마도 마음을 터놓고 이야기를 나눌 사람을 찾을 수도 있고, 혹은 어느 날 갑자기 자기 자신을 지켜야겠다는 결심을 하게 될 수도 있다.

글을 읽는 동안 우월감이 더 강해진 독자들도 위의 시를 다

---

10) Schaffer, Ulrich, Grundrechte—Ein Manifest, ⓒ Kreuz Verlag, Stuttgart 1988, S. 81.

시 한 번 찬찬히 감상해 보기 바란다. 우월감은 인간관계에 적합한 감정이 아니다. 자신의 태도를 되돌아보는 것이 불쾌할 수도 있지만, 그런 반성이 없다면 자꾸만 남에게 상처를 입힐 수밖에 없다.

무언가를, 혹은 누군가를 용서하는 것 역시 자기 자신과 자기 삶의 애인이 되는 한 가지 방법이다. 그런데 거기에는 각고의 훈련이 동반되어야 한다. 그래도 보람은 충분히 있다. 개방적인 태도와 성실함 그리고 정직함으로 자기 자신을 대하는 훈련을 하다 보면 무엇보다 내 스스로가 좌절과 고독에 빠지는 것을 막을 수 있어서 좋고, 나아가 세상에 대한 끊임없는 불평불만에서 벗어날 수 있어서 더더욱 큰 도움이 된다.

물론 내 마음속 깊이 자리 잡은 중대한 가치들은 분명 지키고 보호해야 할 의미가 있다. 그런데 바로 그렇기 때문에, 다시 말해 내가 중요하게 여기는 가치들이 있듯 남들도 저마다 중시하는 가치들이 있기 때문에 사람을 대할 때에 세심한 주의와 배려가 필요한 것이다. 내가 소중하다고 생각하는 것들을 남에게 강요할 필요도 없고, 강요해서도 안 된다. 남들이 중요하게 여겨 주지 않는다 해서 내가 소중히 여기는 가치들을 폄하해서는 더더욱 안 된다.

용서의 한계에 관한 내용을 마무리하는 시점에서 다시금 강조하건대, 내 존재의 본향인 정신적 차원은 상처를 받거나 모욕을 느끼지 않는다. 다만 그저 슬퍼할 뿐이다.

논쟁이 하고 싶어 안달이 난 어느 회의주의자 하나가 "영성이 지닌 실용적 이유, 그러니까 지상에서 손에 잡힐 만한 근거 한 가지만 말해 보게."라고 말했다.

그러자 스승은 이렇게 대답했다. "예컨대 이런 거지. 누군가가 자네를 모욕할 때 자네의 정신을 모욕이 도저히 도달할 수 없는 저 높은 곳으로 올려 보내는 것 말일세."

– 앤서니 드 멜로[11]

---

11) de Mello, Anthony, Eine Minute Weisheit, Herder Spektrum Bd. 5663, S. 15. Aus dem Engl. v. Ursula Schottelius, ⓒ Verlag Herder, Freiburg i Br. 2005.

의심이 갈 때에는 그것을 즐겨라

빅터는 놀이동산에 갈 때마다 가장 위험해 보이는 회전기
구와 비행기구들을 즐겨 탔다. 나는 끔찍할 정도로 무서
웠지만 그는 그것을 즐겼다. 그러다가 어느 순간, 빅터는
직접 비행기술을 배우고 싶어 했다. 사실 그는 예전부터
이미 낙하산 점프를 해 보고 싶어 했다. 그게 청소년 시절
의 꿈이라 했다. 그러니까 말하자면 비행은 차선책인 셈
이었다.

– 엘레오노레 프랭클,『마리아넨 거리에서의 만남

(Begegnungen in der Mariannengasse)』

빅터 E. 프랭클은 삶과 일을 즐길 줄 아는 이였다. "절대로
휴가를 떠날 필요가 없게 살자."가 그의 철학이었다. 그는 그
러한 신념을 독자들에게 글로 전달하기도 했다. 그런데 의심
이 갈 때 그것을 즐긴다는 게 무슨 의미일까? 우리는 때로 즐
기는 것을 빈둥거리는 것과 혼동하곤 한다. 너나 할 것 없이

모두가 빠지는 착각의 하나라 해도 과언이 아니다. 독일어 사전을 보면 '즐기다(geniessen)' 라는 말이 '잡다(fangen)', '쥐다(greifen)' 라는 말에서 비롯되었다고 나와 있다.

그렇다면 즐긴다는 말은 우리가 즐거운 상상에 사로잡혀 있을 때면 삶이 우리를 향해 조용히 미소 짓는다는 뜻일까? "그는 퇴직 후의 삶을 전혀 즐기지 못했어. 늘 일만 하던 사람이니, 삶을 즐길 수나 있었겠어?"라는 말이 자주 들리는 것으로 보건대 많은 이들이 일하는 것과 삶을 즐기는 것을 별개의 문제로 생각하는 듯하다. 삶은 과연 무엇일까? 일할 필요가 없을 때 비로소 즐길 수 있다는 생각은 대체 누가 우리한테 심어준 것일까?

「즐기지 않는 자, 즐길 수도 없게 되리니」

아직은 안 되겠어요,
아직은 해야 할 일이 너무도 많거든요.
나를 숨 막히고 무디게 만드는
이 월계관 위에서 잠들지는 않을 거예요.

아직 못다 한 일들이 날 부르죠.

죽는 날까지는 아직도 시간이 많이 남아 있어요.

사람들이 약속하는 배부름을 얻기 위해

우리는 고독이라는 대가를 치르죠.

(후략)

– 콘스탄틴 베커 [*12]

아직 더 해야 할 일이 뭐가 있을까? 베커의 노래는 무슨 메시지를 전달하려는 것일까? 때로는 일상 속에 늘 해 오던 일들이 시야를 가려 우리 앞에 펼쳐진 가능성을 보지 못할 때가 있다. 그것을 보기 위해서는 지금까지와는 다른 일, 가치 있는 일을 향해 용기 있는 걸음을 내딛는 결단이 필요하다.

가치 있는 일이란 내가 진심으로 소중히 여기는 것, 때로는 나 자신도 잘 모르고 있지만 내 감각 속에 잠재되어 있는 것을 가리킨다. 그렇다면 위 노래에서 월계관은 무슨 의미이고, 베커는 왜 그 월계관이 자기를 숨 막히게 만든다고 노래했을까?

아마도 그가 말하는 월계관은 사회에 순응하는 태도, 편리

---

* 1947년 독일에서 출생한 가수이자 작곡가

12) Wecker, Konstantin, Die weiße Rose, Musik und Text: Konstantin Wecker und Rolf Nagel, © Alle Rechte weltweit EDITION WECKER des FANFARE MUSIKVERLAGS.

함에 안주하는 태도, "이제 목표지점에 도달했으니까 다 된 거야!"라는 자기만족과 위안이고, 그 월계관이 결코 생명력에 대한 우리의 갈증을 해소해 주지 못한다는 메시지 아니었을까?

'즐기는 삶'을 방해하는 장애물 극복하기

들판에 누워 영혼의 떨림을 감지하는 것은 그야말로 가슴 떨리는 체험이다. 그런데 만약 우리 영혼이 기쁨으로 떨 일이 전혀 없다면 어떻게 해야 할까? 굳이 들판이 아니라 일상생활 속에서도 회사에 출근하여 이런저런 일들을 즐겁게 처리할 수 있고, 그 역시 뭔가를 즐기는 삶이라 말할 수 있다. 그런데 직장에서 하는 일이 기쁨도 충일감도 전혀 주지 않는다면 어떻게 해야 할까?

바쁜 일상 때문에 도무지 쉴 틈이 없을 때 우리는 어떻게 행동할까? 처리해야 할 것들이 산적해 있기 때문에 우선은 부담부터 느껴진다. 뿐만 아니라 그 부담은 내가 분명 무언가를 놓치고 있다는 불안감으로 발전한다. 그런데 '제발 아무 일 없이 좀 쉴 수 있었으면'이라는 착각의 불빛은 우리가 그 잘못된 불빛을 손수 꺼뜨릴 때 비로소 완전히 꺼진다.

삶의 기쁨은 아무것도 하지 않는 것에 있는 것이 아니다. 오히려 내게 주어진 임무를 제대로 처리할 때 삶의 기쁨을 느낄 확률이 더 높다. 물론 우리 앞에 펼쳐진 길은 너무도 많은 갈래로 나뉘어 있고, 그렇기 때문에 한 가지 길을 선택하고 나면 늘 뭔가를 놓치고 있다는 불안감이 들게 마련이다. 그럴 때면 어차피 인간의 능력은 유한하고, 그러한 가운데 다행히 우리의 심장이 먼 곳을 내다보는 혜안을 지녔다는 점을 떠올리자.

아무것도 하지 않고 빈둥거릴 때면 정리되지 않은 오만 가지 생각이 머리를 어지럽히기 때문에 더더욱 기쁨을 느낄 수 없다. 할 일이 너무 없다 보면 지금 당장 나를 화나게 만드는 것들이나 이미 오래전에 화를 냈던 일들에 집중하면서 더 큰 불쾌감에 빠져들곤 한다. 하지만 당장 처리해야 할 일이 있으면 쓸데없는 생각에 빠질 여유나 그간 나한테 해코지를 한 사람들을 일일이 떠올리며 흥분할 시간 따위는 없다.

그런데 그러한 '잡생각'은 주로 편히 누워 육체적 휴식을 취하려 할 때 특히 더 우리를 엄습한다. 지친 몸을 뉘고 이제 좀 쉬려는 찰나, 온갖 생각들이 머릿속에 떠오르며 우리를 괴롭히는 것이다. 그 느낌은 마치 우리 안의 조련사가 이제 막 훈련을 시작하려는 느낌과 유사하다. 그럴 때의 처방약은 길들여지는 대신 우리가 그 조련사를 길들이는 것이다. 즉 조련사의 구령에 맞춰 이 생각과 저 생각 사이를 뛰어다니는 대신 그냥 그 자세로 누워서 아무 생각 없이 쉬는 것이다! 그런데 내면의 조련사의 구령을 무시하게 될 수 있기까지에는 5분보다는 조금 더 긴 시간의 명상이 필요하다.

☕ 자 기 삶 의 주 인 이 되 는 5 분 명 상

이상을 지닌 자여,

그 이상에 도달하지 않으려 노력할지어다!

그렇지 않았다가는 어느 날 갑자기

자기 자신이 아닌 누군가,

남과 다를 바 없는 누군가가 되어 버릴 터이니.

— 오이겐 로트

사실 우리에게는 방향을 잡아 줄 이상(理想)이 필요하기는 하다. 하지만 그 이상이 내면의 폭군으로 변질될 소지가 있기 때문에 위험한 것이다. 삶은 우리에게 늘 같은 질문을 던진다. 낮에 했던 질문을 밤에 다시 던진다. 프랭클은 우리 내면의 다양한 가치관들을 다음과 같이 분류했다.

그릇된 능동성

이 가치관은 기정사실에 대해 무의미한 투쟁을 벌인다는 점을 특징으로 한다. 그릇된 능동성에 빠졌을 때 우리는 모든 종류의 이성에 반하는 행동을 한다. 감정은 어디론가 사라지고 없는 상태이다. 원래 우주항공 분야의 전문용어인 '연소 종료 (burn-out)' 라는 용어가 아마도 이 가치관에 부합되는 표현일 듯하다. 즉 로켓의 엔진이 연소를 중단하고 엔진 없이 비행하는 상태가 바로 이 상태인 것이다. 로켓을 인간에 비유하자면 인간의 엔진은 바로 감정이다. 감정이 더 이상 '연소' 하지 않는 상태라면 그 사람은 죽은 사람이나 다름없다.

한편 그릇된 능동성에서 그릇된 수동성으로의 이동은 대개 무의식중에 진행된다.

그릇된 수동성

많은 이들이 이 가치관에 따라 살고 있다. 일상적 관습에 대한 맹목적인 적응과 순응이 이 가치관의 가장 큰 특징이다. 결국 편협함으로 발전한다는 것 역시 이 가치관의 특징에 속한다. 그릇된 수동성에 사로잡힌 경우라 하더라도 내면에 결정적인 변화가 일지 않는 한, 문제가 수면 위로 떠오르지 않는다. 외적인 순응이 내적인 무기력함과 완벽하게 조화를 이루는 것이다.

하지만 주변 여건이 달라질 경우, 그릇된 수동성은 내면의 폭군으로 돌변한다. "이 일, 혹은 저 일 때문에 내가 할 수 있는 게 아무것도 없어졌다."면서 괴로워하게 만드는 것이다. 그럴 때, 자기연민은 도무지 끝을 모른다. 자기연민의 바다에 한 번 빠지면 바로 옆에 떠 있는 구명보트도 눈에 들어오지 않는다. 구명보트가 바로 내 곁을 스쳐 가도 그것을 타면 다시 뭍을 밟을 수 있다는 사실을 인식하지 못하는 것이다.

그릇된 수동성에서 벗어나는 길은 올바른 능동성에 뛰어드는 것이다. 이때 가장 중요한 것은 기다리지 않고 '서둘러 뛰어드는' 것이다.

올바른 능동성

이 가치관은 매우 특별한 것으로서, 그 안에 그릇된 능동성과 수동성의 위험이 여전히 도사리고 있기 때문에 극도로 예민한 감각을 요구하기도 한다.

올바른 능동성을 지닌다는 말은 삶에 내포된 현실적 가능성들을 인식하고 실천한다는 말이다. 현실 속에서 어떤 것들이 충족 가능하고 어떤 것들은 충족 불가능한지를 알아내기 위해서는 다양한 가치들을 올바르게 감지하고 인식할 수 있는 능력이 요구된다. "저건 반드시 달성해야 만 해!"라며 덮어 놓고 덤비는 태도는 자신의 기호를 무시하고 말살하는 태도이다.

자신의 기호, 즉 자신이 좋아하거나 옳다고 믿는 일을 추진하는 능력은 그 어떤 도둑도 훔쳐갈 수 없는 소중한 능력이다. 올바른 능동성 속에서 살고 있기만 하다면 우리 안에 잠재된 능력은 겉으로도 십분 발휘될 수 있다.

올바른 수동성

이 가치관은 마음의 혜안과 안식에 의해 조절되는 것이다. 내면이 안정되어 있을 경우, 쓸데없는 일에 시간과 마음을 빼앗기는 실수를 저지르지 않는다. 올바른 수동성은 불가피한 일을 받아들이는 방법을 잘 알고 있기에 내면의 폭군으로 발전하지는 않는다.

올바른 수동성은 나라는 존재가 언제든지 다른 사람으로 대체가능하고 이 세상은 나 없이도 잘 굴러 간다는 것을 뼈저리게 느낄 때 비로소 내 것이 된다. 나아가 그릇된 능동성을 더 이상 실천할 수 없을 때, 이 가치관을 내 것으로 만드는 훈련이 특히 더 효율적으로 이뤄진다.

올바른 수동성을 위한 훈련은 어떻게 해야 좋을까? 독서

가 취미인 사람이라면 일단은 유리한 고지를 점령한 것이
나 다름없다.

- 내 가치관을 분석해 보는 시간을 갖자.
- 스스로 선택한 음악을 듣자. 여기저기서 무작위로 흘러나
  오는 음악은 되도록 피하자.
- 단편소설, 동화책, 시집 등을 읽어 보자(추천 작가: 앤서니
  드 멜로, 하인츠 에어하르트, 에프라임 키숀, 아스트리드
  린드그렌, 크리스티네 뇌스트링거, 에리카 플루하르, 오이
  겐 로트, 페터 우스티노프, 카를 발렌틴)
- 오디오북을 들어 보자. 한 번쯤은 시간을 내어 해 볼만 한
  일이다.
- '삶이 네게 달랑 신 레몬 한 개만 내민다면 그것으로 레모
  네이드를 만들어 보자' 등과 같은, 용기를 주는 명언들을
  집안 곳곳에 붙여 놓자.
- 만화책을 모아서 선물해 보자.
- 카드나 편지를 써 보자.
- 아는 사람들에게 전화를 걸어 마음에 두고 있던 중요한
  일을 부탁해 보자.

꿈을 통해 삶을 느끼자

카를 추크마이어는 "꿈은 인간을 무의식, 그리고 무의식을 지탱하는 영혼의 힘과 연결시킨다."라고 말한다. 내 삶을 현실이나 사회적 기준에 맞추려는 노력으로는 보람된 삶, 충족된 삶이 얻어지지 않는다.

충족된 삶은 무언가를 증명함으로써 얻어지는 것도 날카로운 이성으로 납득할 수 있는 것도 아니다. 충족된 삶, 온몸으로 느껴지는 삶에 있어 꿈은 가까운 친구나 애인의 충고와도 같다. 어느 시대, 어느 문명사회에 있어서나 꿈의 언어는 늘 중대한 위치를 차지해 왔고, 많은 종교에 있어 꿈은 신을 체험하는 장소이기도 했다.

욥기 33장 14-16절에는 "하나님은 한 번 말씀하시고 다시 말씀하시되 사람은 관심이 없도다. 사람이 침상에서 졸며 깊이 잠들 때나 꿈에나 밤에 환상을 볼 때에 그가 사람의 귀를 여시고 경고로써 두렵게 하시니."라고 말한다.

즉 욥기에서는 꿈을 경고와 연계시킨 것이다. 운전을 하다 보면 특정 차량들이 우선통행권을 지닌 도로들을 지나게 되고, 거기에는 대개 통행 질서에 관련된 경고표지가 설치되어 있다. 말하자면 꿈은 그러한 표지판과 같은 역할을 한다. 그러나 '우선멈춤' 표지판은 어디까지나 잠재된 위험을 경고하는 표지판일 뿐, 그것을 무시하고 달리는 차량을 막지는 못한다. 꿈 또한 기존의 그릇된 습관을 굳이 계속 유지하겠다며 고집 피우는 사람을 말리지는 못한다.

어떻게 하면 꿈을 제대로 인지할 수 있을까? 꿈의 본질을 이해하는 데에는 다음과 같은 질문들이 도움이 된다.

● '꿈'이라는 말을 듣자마자 언뜻 떠오르는 생각은 어떤 것들인가?

● 다양한 꿈 중 어떤 꿈이 나를 가장 놀라게 만드는가?

꿈에 일어난 사건 때문에 나 아닌 다른 누군가의 삶에 대해 생각해 본 적이 있는가? 그렇다면 그 중 어떤 사람, 어떤 동물, 식물, 풍경, 사물 등이 내가 잘 아는 사람이나 익숙한 상황을 떠올리게 했는가?

● 내 꿈에 등장한 사람들을 보며 어떤 느낌을 받았는가?

● 내 꿈에 등장한 상황들을 보며 나는 내 실제 일상 중 어느

부분을 떠올렸는가?

꿈에 일어난 사건 때문에 자신의 삶에 대해 생각해 본 적이 있는가? 꿈에 나타나는 사람, 동물, 식물, 풍경, 사물들은 사실 내 자신의 일부라 여길 수도 있는 것들이다.

꿈은 과연 어떤 식으로 감각에 생기를 부여하고 오래된 습관에 대해 경고의 메시지를 보낼까? 몇 년 전 내가 꾸었던 꿈을 통해 그 해답을 찾기 바란다.

친구 하나가 내게 같이 수영장에 가자고 제안했고 나는 그 친구와 함께 실내수영장에 갔다. 그런데 입구에 붙은 입장료 안내판을 보는 순간, 수영하고 싶은 마음이 싹 가시고 말았다.

그도 그럴 것이, 1인당 입장료가 무려 200유로나 되었다. 하지만 수영에 대한 내 열정을 잘 알던 친구는 내 입장료까지 선뜻 지불했다. 그런데 풀장 안에는 꽤 많은 이들이 대형 수건 위에 누워 둥둥 떠다니고 있었다. 그렇거나 말거나 나는 그 사람들 사이를 헤집고 다니며 헤엄을 쳤다. 하지만 물 위에 누워 있는 사람들을 피해 다니기가 쉽지는 않았고 직선 코스로 헤엄을 치는 것은 아예 엄두를 내지도 못할 지경이었다. 나는 카운터에 가서 불만을 제기했다. 그 비싼 입장료를 지불하고 기껏 들어왔는데 제대로 수영 한 번 못해 보는 게 말이나 되느냐며 짜증을 내자 담당 직원은 내 말에 전적으로 동의하지만 자기가 할 수 있는 게 없다고 말했다.

내가 계속 이의를 제기하자 잠시 후 그의 상사가 나오더니, 자신들은 결국 그 수영장에 오는 사람들 중 대다수가 원하는 방향에 맞출 수밖에 없다고 해명했다. 요즘은 수영이 인기가 없기 때문에 더더욱 그렇게 할 수 없다는 설명까지 덧붙였고, 나는 결국 더 흥분해서 목청을 높이다가 꿈에서 깼다.

꿈에서 깨자마자 든 생각은 '그래, 내가 수영을 정말 좋아하는구나'였다. 다음으로 든 생각, 무엇보다 나를 의아하게 만들었던 생각은 수건 위에 누워 있는 사람들이 젖지도 않고 가라앉지도 않았다는 사실이었다. 그 사람들을 보며 나는 어떤 느낌이 들었을까? 나는 분명 화가 났다. 수영장에 와서 수영도 하지 않으면서 나처럼 수영을 하려는 사람을 괴롭히는 데에 분노했다.

그런데 잠깐……, 실제 삶에서도 내가 그런 식으로 화를 냈던 적이 있지 않았던가? 그렇다, 나는 늘 남들을 배려하는데 그 사람들은 늘 내 의견 따위는 무시하며 나를 괴롭혔다! 흠, 만약 누군가가 내게 지금 나를 괴롭히는 사람 하나만 구체적으로 대 보라고 한다면 어쩌지? 글쎄, 구체적으로 떠오르지는 않는다. 하지만 분명 모두들 내 인생을 힘들게 만들고 있다, 그것도 늘!

그런데 실은 그게 아니라 내가 내 자신을 힘들게 만들고 있는 것은 아닐까? 실제로 많은 이들이 내게 거기에 대해서 생각해 보라고 충고한 적이 있다. 물론 그 말을 들을 때 기분이 좋을 리는 없다. 어떤 꿈을 꾸고 난 뒤 기분이 찜찜할 때와 비슷한 느낌이다. 남들이 수영을 하지 않는다고 불평만 할 게 아니라 내 태도를 자세히 살펴본 다음에 잘못된 부분이 있으면 고치라는 경고가 달콤하게 들릴 리는 없다. 수영장과 관련된 그 꿈도 내 삶을 어렵게 만드는 것이 바로 나 자신이라는 사실을 말하고 있었다.

때로 꿈은 삶의 이정표가 되기도 한다. 하지만 어디까지나 이정표일 뿐, 실제로 내 '운행 방향'을 바꾸지는 못한다. 중요한 것은 이정표를 읽는 운전자의 결정이다. 어떻게 할 것인지는 결국 운전자의 몫이다. 그리고 정신만 차리면 이정표를 놓치지 않듯, 꿈을 제대로 이해하려는 간절한 마음만 있다면 꿈 속에 담긴 경고도 똑똑히 인지할 수 있다.

교통표지판 속의 그림들이 무엇을 의미하는지 알기 위해서 는 때로 교통용어사전을 펼쳐야 하지만 꿈은 그렇지도 않다. 꿈속에 담긴 '그림'들의 의미를 해석하는 도구들은 이미 우리 모두의 내면에 간직되어 있다. 예컨대 수영이 취미인 어떤 사 람이 물에 관한 꿈을 꾸었다면 그것은 분명 그 사람이 좋아하 는 무언가를 상징하고 그 사람에게는 좋은 방향으로의 의미가 담긴 꿈일 가능성이 높다. 그러나 반대로 수영이라면 기겁을 하는 사람, 물을 무서워하는 사람이 수영장 꿈을 꾸었다면 그 의미는 정반대일 수 있다.

두려움은 꿈을 구성하는 매우 중요한 요소이다. 만약 꿈이 라는 분야에 있어 그보다 더 많은 이들의 마음을 짓누르는 중 대한 주제를 꼽으라면 아마도 '죽음'이 될 것이다. 칼 구스타 프 융의 제자였던 에른스트 애플리는 "수천 번에 걸친 크고 작 은 꿈을 통해 사람들은 꿈속의 죽음이 실제 죽음을 의미하는 것이 아니라 뭔가 불길한 일을 예고하는 것임을 깨닫게 된다 (『꿈과 그 해석(Der Traum und seine Deutung)』)."라고 말했다. 실 제로 꿈속에서의 죽음이 연인과의 결별이나 영적인 죽음을 의미하는 경우가 꽤 잦다. 나아가 꿈속에서의 죽음이 '나는 과연 진정한 삶을 살고 있는가?' 라는 질문일 때도 많다.

꿈에 자주 등장하는 사건으로는 추락, 비행, 알몸인 상태, 발은 계속 움직이되 한 발짝도 앞으로 나아가지 않는 상태 등을 꼽을 수 있다. 이 꿈들에 대한 몇 가지 질문이 어쩌면 도움이 될 수도 있을 듯하여 여기에 소개한다.

● 추락

꿈속에서의 추락은 대개 실제 생활에서 느끼는 어떤 두려움과 연관되어 있다.

어쩌면 그 꿈이 실제 삶에서의 '추락'을 경고하는 것은 아닐까?(시험, 가정 문제, 직장 등)

● 비행

대부분의 사람들은 하늘을 나는 꿈을 꾸는 동안 자유나 상처 입지 않는 상태를 체험한다고 한다.

꿈속에서 하늘을 날았던 내가 실제 삶에서도 구름 위를 떠다니는 것 같은 행복을 느끼고 있는 것 아닐까?

● 알몸인 상태

알몸 꿈에 있어 가장 중요한 것은 스스로 그 상태를 어떻게 느꼈느냐 하는 것이다.

꿈속에서 알몸인 것을 부끄러워했던가, 아니면 일종의 해방감을 느꼈던가? 실제 삶에 있어 내가 벌거벗고 있는 듯한 느낌이 들 때가 있는가? 상처 입은 듯한 느낌, 그 무엇도 나를 보호해 주지 않는 듯한 느낌이 들 때가 있는가?

● 앞으로 나아가지 못하면서 계속 달리는 상태

절대로 목적지에 도달하지 못하면서 계속 달리는 꿈을 꾸다가 잠이 깰 때면 신기하리만큼 피곤을 느낀다.

실제 생활에서도 그러한 피로감을 느낄 때가 있지는 않은가? 혹시 어떤 사람과의 관계를 개선하기 위해 꾸준히 노력을 하지만 전혀 그 관계가 진전되지 않는 경험을 하고 있지는 않은가?

꿈에 있어 중요한 것은 느낌이지 행위가 아니다. 어차피 꿈속에서는 시간과 공간도 초월할 수 있다. 꿈속에서라면 대륙과 대륙도 한달음에 뛰어넘을 수 있고 한 세기를 단 몇 초로 압축할 수도 있다.

꿈이 지닌 그보다 더 큰 특징은 바로 도덕의 부재이다. 꿈속에서는 무슨 짓을 저질러도 양심의 가책을 느끼지 않는다. 그렇기 때문에 진실한 나, 진정한 내 삶의 모습을 만날 수 있기도 하다. 거짓 없는 내 모습을 꿈을 통해 만나면서 내 자신에 대한 이해가 더 깊어지는 것이다. 자신의 삶을 백퍼센트 체감한다는 말은 곧 자신의 모든 감정을 삶의 일부분으로 인지하고 받아들인다는 뜻인데, 그 가능성은 꿈을 통해 한층 더 깊어진다.

매일 밤 우리가 꾸는 꿈만큼 우리에게 자신감과 편안함을 심어 주는 것도 없다. 가끔은 도무지 무슨 꿈을 꾸었는지 기억나지 않을 때도 있지만 그럼에도 불구하고 자고 난 뒤의 느낌은 나만의 것이고, 그 느낌은 내게 도움을 준다. 밤이 되면 우리는 자고 일어나면 새 날이 시작될 것을 기뻐하면서 잠든다.

어떨 때에는 자고 일어났을 때가 자기 전보다 더 피곤할 때도 있다. 그 기분도 그리 나쁘지는 않다. 어떤 고민을 안고 침대에 누웠을 때면 좀처럼 잠을 이루기 어렵다. 그렇지만 다음 날 눈을 뜰 때는 마치 새로운 인생이 시작되는 듯한 느낌이 들 때가 있지 않은가? 상쾌한 기분으로 잠에서 깨어났다면 분명 꿈속에서 그간의 부담을 털어낸 것이다. 기억나지는 않지만 우리의 무의식이 의식보다 더 현명하게 발 빠른 조치를 취한 것이다.

꿈에 대한 토론이 이뤄지는 어느 모임에서 헤르베르트는 성서에서나 나올 법한 자신의 꿈에 대해 다음과 같이 발표했다.

두 명의 농부가 있었어요. 두 사람의 밭과 농장이 나란히 붙어 있었죠. 둘 다 밀농사를 짓고 있었어요. 가축은 없었고요. 그 중 한 명은 들판에 곡식이 자라는 것을 보고 기뻐했어요. 뭐랄까, 그는 인생을 즐기는 사람이었어요. 이따금씩 숲속을 산책했고, 그곳에 서식하는 여러 가지 동물들을 보며 기쁨을 느끼는 그런 사람이었어요. 돈은 얼마 없었지만 그래도 자기 삶에 만족했어요.

나머지 한 명은 이삭과 이삭 사이에 잡초가 우거지지 못하게 열심히 작업했어요. 잡초 때문에 마음 편할 날이 없다며 첫 번째 농부에게 넋두리를 늘어놓을 때가 많았죠. 하지만 곡식이 영글어가는 것을 보며 그저 기쁘기만 하던 그 농부에게 그 사람의 불평이 귀에 들어올 리가 없었겠죠?

드디어 추수할 시기가 다가왔어요. 수확 작업에는 너무도 오랜 시간이 걸렸고요. 일일이 손으로 타작해야 했으니까요. 첫 번째 농부는 자기가 거둔 곡식의 양이 그다지 많지 않다는 것을 알았지만 그럼에도 불구하고 거기에 만족했어요. 하지만 두 번째 농부는 모든 하녀들과 하인들을 동원했고, 더 빨리 작업하라며 다그쳤어요.

그때 마침 바람이 불었고, 두 번째 농부는 바람이 부니까 수확량이 더 늘어날 것이라며 내심 기뻐했어요. 하지만 바람은 쓸데없는 왕겨뿐 아니라 알곡까지 날려 버렸어요. 두말할 것도 없이 그 밀알은 첫 번째 농부의 들판에 떨어졌지 않겠어요?

헤르베르트의 이야기를 들은 다른 참가자들은 그런 꿈을 꾼 헤르베르트를 매우 부러워했다. 하지만 헤르베르트 자신은 그 꿈이 무엇을 의미하는지 깨닫지 못했다. 하지만 참가자들은 헤르베르트에게 다양한 질문을 던졌다.

"꿈에서 깨자마자 어떤 생각이 들었어요?"

"글쎄요, 불평하는 것보다는 현재 자기가 가진 것에 만족하고 즐거워하는 게 좋다는 생각 정도라고나 할까요?"

"그 꿈 중에서 어떤 부분이 제일 놀라웠어요?"

"뭐랄까, 뭔가 공평하지 못하다는 생각이 들었어요. 둘 중 한 사람이 훨씬 더 괴로워했는데 정작 불평 한 마디 내뱉지 않은 그 사람이 더 행복하게 됐잖아요?"

"실제 자신의 삶에서 그것과 비슷한 상황을 경험해 본 적은 없나요?"

"물론 있죠."

"그 꿈이 딱 들어맞는다고 얘기할 만한 구체적 상황을 우리한테 얘기해 줄 수 있어요?"

"구체적인 상황이라……, 글쎄요, 잘 모르겠어요. 그런데 나는 분명 모든 걸 제대로 해내려고 노력하는 타입이긴 해요. 꿈속에 나왔던 하녀나 하인은 어쩌면 내 아이들이 아닐까요. 두번째 농부처럼 내가 아이들을 다그칠 때가 없지 않거든요."

"삶을 즐길 만한 마음의 여유가 없는 건 아니에요?"

"지금은 분명 그래요. 예전만 하더라도 달랐지만 말이에요. 예전엔 자연을 접할 기회가 많았어요. 하지만 지금은 일이 너무 많아서 그럴 시간이 없어요. 자연이 좋다는 걸 몰라서 그런 건 아니에요. 다만 지금 당장은 일이 더 중요해서 삶을 즐길 시간이 없다는 거죠. 아마도 제가 꿨던 그 꿈은 일과 여유 사이의 균형을 찾으라는 경고가 아니었나 하는 생각이 드는군요."

꿈은 때로 비단 삶의 이정표일 뿐 아니라 진정한 삶의 조언자가 되기도 한다. 꿈은 우리의 무의식이 온갖 이성적 설명과 증거나 비교 자료를 의식적으로 제시할 때보다 더 많은 것을 우리한테 선물해 준다는 것을 상기시켜 준다. 나를 둘러싼 사회의 현실과 기준이 내 삶을 완성시켜 주는 것은 아니다. 무엇은 해도 되고 무엇은 하면 안 되는지 등의 기준이 충족된 삶을 이끌어 낼 수는 없다. 충족된 삶, 온몸으로 느끼는 삶은 어떤 현실이나 기준으로 얻어지는 것이 아니다. 그것은 꿈을 꾸는 도중에, 미소 짓는 와중에 얻어지는 것이다.

☕ 자 기 삶 의 주 인 이 되 는 5 분 명 상

사람들은 무언가를 눈으로 보면서 왜 그래야 하냐고 말한다.
하지만 나는 무언가를 꿈꾸면서 그러면 왜 안 되느냐고 말한다.

— 조지 버나드 쇼

- 꿈을 제대로 느끼고 인지하고 싶다면 머리맡에 수첩을 펼쳐 두고 그때그때 간단한 메모를 하면서 '꿈 일기장'을 써 보자.
- 가능하다면 꿈속에 일어난 사건 아래에 내 느낌도 간단히 정리하고, 나중에 잠에서 깬 다음 그 메모를 보며 꿈에 대해 여러 가지 질문을 해 보자.

무의식과 놀이

세미나를 열거나 강연을 할 때면 어떻게 하면 꿈을 꿀 수 있느냐는 질문을 받곤 한다. 사실 누구나, 거의 매일 밤 꿈을 꾸지만 기억하지 못하는 것뿐이다.

꿈속에서의 여행이나 상상을 통하는 방법 등 무의식에 접근하는 길은 여러 가지가 있다. 하지만 꿈속에서의 의식과 깨어 있을 때의 의식이 분명 다르다는 것을 잊어서는 안 된다. 매일 밤 우리를 기쁘게 하거나 마음의 짐을 안겨 주는 다양한 꿈들은 표면적 감정이나 이성에 의해 조절되는 것이 아니다. 꿈은 타인의 마음에 들고자 하는 내 바람이나 이성에 따른 철저한 계산 따위를 전혀 고려하지 않는다. 그러나 그런 한편, '의도적' 상상 역시 무의식에 다가가는 아주 유용한 방법이고, 실제로 많은 이들이 이 방법을 활용하곤 한다.

아래에 소개하는 훈련은 누구나 쉽게 따라할 수 있는 것이다. 훈련에는 대략 1시간 정도가 소요되지만, 내 안에 잠자고 있는 잠재력을 발견하고 놀랄 것을 생각하면 그다지 긴 시간은 아닌 듯하다.

'룸펠슈틸츠헨*'을 만난 마르모트' 훈련

● 최근, 어떤 문제들이 나를 가장 괴롭히는가?

● 나는 어떤 것을 가장 갈망하는가?

● 최근과 비슷했던 상황을 극복한 경험이 있는가?

● 지금 이 상황에서의 나와 '관련된' 동물을 떠올려 보자.
부지런한 개미, 공격적인 사자, 눈물을 뚝뚝 흘리는 낙타,
닭으로 키워진 독수리 등 어떤 동물이라도 무방하다.

● 한 가지 동물을 결정하고 난 뒤, 가장 먼저 떠오르는 그
동물의 특징이 어떤 것들인지 생각해 보자.

● 이번에는 기억을 더듬어 동화나 소설, 혹은 영화나 성서
속 등장인물 하나를 떠올려 보자.

● 그 인물에 대해 가장 먼저 떠오르는 특징은 어떤 것들인
가?

● 이제 상상력에 날개를 달 차례이다. 즉 동물이 된 내가 동
화나 소설 속 등장인물과 대화를 나누는 것이다. 그 동화

---

* 그림동화 중 한 편에 나오는 주인공. 아버지의 허풍으로 왕궁에 가 금실을 짜야 하
는 운명에 놓인 방앗간집 딸을 도와주지만, 그 대가로 장차 태어날 아이를 요구하
는 작은 요정

속 인물이 어쩌면 내 속에 이미 잠재되어 있기는 했지만 미처 인식하지 못했던 중대한 사실을 내게 알려 줄 지도 모를 일이다.

위 질문들에 대답은 예컨대 아래와 같을 수 있다.

● 현재 내가 안고 있는 최대의 문제는 아무리 노력해도 누군가와 진정 함께한다는 느낌이 들지 않는다는 것이다.
● 현재 내가 가장 갈망하는 것은 '함께'라는 느낌이다.
● 예전에 수학 숙제를 할 때 이와 비슷한 절망감을 느낀 적이 있고, 당시 그 문제를 잘 극복했다.
● 요즘의 내 삶을 생각하면 내가 마치 마르모트가 된 느낌이다. 마르모트는 땅굴 속에 살고, 위험한 상황이 나타났을 때 휘파람 소리 비슷한 것으로 동료들에게 경고한다는 특징을 지닌다.
● 내가 생각한 동화 속 등장인물은 룸펠슈틸츠헨이다. 룸펠슈틸츠헨은 짚을 금으로 자아낼 수 있는 능력을 지니고 있고 매우 이기적이라는 특징을 지니고 있다.

룸펠슈틸츠헨과 마르모트가 대화를 시작한다.
룸펠슈틸츠헨 : 넌 왜 늘 땅굴 속에 숨어 사니? 보이지도

않는 너랑 얘기를 나누기가 너무 힘들잖아?

마르모트 : 그럼 나보고 어쩌라는 거니? 남들 좋으라고 내가 계속 무슨 일을 해야 한다는 거니? 난 지금 기분이 별로야. 기분이 별로일 때 난 아무도 보고 싶지 않아.

룸펠슈틸츠헨 : 남들은 다 망하고 너만 잘되길 바라니?

마르모트 : 아니. 내가 망하는 꼴을 보기 싫듯 남들이 망하는 모습도 보기 싫어.

룸펠슈틸츠헨 : 그럼 짚으로 금을 잣는 방법은 알고 싶니?

마르모트 : 아니, 금으로 내가 뭘 할 수 있겠어? 금은 내겐 아무 짝에도 쓸모없어. 추운 겨울을 나는 데엔 차라리 짚이 제격이지.

룸펠슈틸츠헨 : 그렇군, 그런데 널 보면 어떤 생각이 드는지 알아? 사실 넌 네게 필요한 모든 것을 이미 갖고 있어. 넌 네가 갖고 있는 짚을 너무도 잘 이용하고 있어. 짚으로 금을 자아서 금으로 된 침대 위에서 얼어 죽는 멍청이들과 너는 분명 달라. 넌 네 친구들이 보내는 위험 신호도 단번에 알아채지. 그 신호를 들으면 더더욱 동굴 속에서 몸을 웅크리고 말이야. 그럼에도 불구하고 넌 불만이 많아. 그리고 난 그 이유도 잘 알아. 너한테는 정말 중요한 일인데 남들은 그렇지 않으니까 화가 나는 거지.

마르모트 : 흠, 그런데 한 가지만 물어 봐도 돼? 넌 왜 처음에 그 소녀를 도와줬다가 나중에 왕비가 되었을 때 아기를 달라고 했니?

룸펠슈틸츠헨 : 나라고 뭐 만날 주기만 하라는 법이 있니? 나도 뭔가를 받고 싶으니 그랬겠지!

마르모트 : 그래, 무슨 말인지 잘 알아. 그런데 내 말은, 그래도 왜 하필이면 가장 주기 힘든 것을 달라고 했느냐는 거야. 자기 자식을 남에게 주는 엄마가 세상에 어디 있겠니?

룸펠슈틸츠헨 : 물론 그런 엄마는 없지.

마르모트 : 그럼 넌 대체 무슨 의도로 아기를 내놓으라고 한 거야? 절대로 줄 수 없는 것을 요구하려고 작정이라도 한 거였어?

룸펠슈틸츠헨 : 난 그냥 별 생각 없었어. 그런데 말이야, 네가 나한테 이렇게 조목조목 따지는 걸 듣다 보니 네가 네 문제를 스스로 충분히 해결할 수 있겠다는 생각이 들어. 적어도 넌 누구나 때론 혼자일 수밖에 없고 아무리 노력해도 달라지지 않는 것이 있다는 것 정도는 알고 있지 않아?

마르모트 : 그래, 어쩌면 네 말마따나 내가 몇몇 문제는 스

스로 극복할 수 있을 수도 있어. 그런데 문제가 뭔지 알아? 잘 들어 봐, 내가 문제를 해결하는 방식은 이래. 우선 문제를 해결하기 위해 난 내 굴에서 밖으로 나가는 통로를 뚫어. 그런 다음 친구를 만나서 한참을 얘기해. 그런 다음에야 나는 실은 그 문제가 그다지 큰 문제가 아니고 어쩌면 문제 속에 장점도 있다는 것을 깨달아. 그게 내 문제야……

'태초에 행위가 계시니라'

거기에는 '태초에 말씀이 계시니라!' 라고 적혀 있다.

이 부분에서 나는 이미 막힌다! 누가 나를 도와줄 수 있을

것인가?

나는 말씀(word)이라는 말이 충분히 훌륭한 말이라 생각

되지 않는다.

만약 영(靈)들이 내게 올바른 깨달음을 준 것이라면

분명 다르게 번역해야 한다.

그렇다면 '태초에 의미가 계시니라' 라고 해야 옳을까?

어쨌든 펜을 서둘러 굴리지 말고

첫 줄에 대해 많이 생각해 보자!

'의미' 라는 것이 모든 것을 일으키고 창조하는 것이 맞을까?

그렇다면 '태초에 힘이 계시니라!' 라고 하는 것이 좋을까?

하지만 이것을 쓰는 동안에도

나조차 그것을 믿지 않는다는 경고를 느낀다.

영이시여, 도우소서!

갑자기 좋은 생각이 떠오른다.

그래, 차라리 '태초에 행위가 계시니라!' 라고 쓰자.

－요한 볼프강 폰 괴테

사는 동안 우리는 많은 가능성들을 놓친다. 사실 주변을 둘러보면 해야 할 일들, 실천에 옮길 만한 가치들이 무수하다. 그 모든 것들을 실천할 수는 없다는 게 오히려 다행일 지경이다. 사실 지금까지 실천해 온 것들만 한자리에 모아도 스스로도 충분히 놀라고 남을 정도이다.

퍼즐을 맞출 때 우리는 기본 그림판 위에 조각을 한 개씩 한 개씩 더해 간다. 그런 것처럼 지금까지 자신이 실현한 가치들을 한 조각 한 조각 모아서 모자이크를 만들어 보라. 그것이 바로 자기 삶의 모자이크요, 지나온 날들에 대한 확고한 기록이다. 거기에 담긴 가치들은 저마다 다른 빛을 발한다.

우리는 살아 온 날들을 되돌아보며 삶의 모자이크를 확인한다. 과거는 영원히 우리 곁을 떠난 무언가가 아니라 떼려야 뗄 수 없이 우리 곁에 영원히 머무를 편안한 무엇이다. 빅터 E. 프랭클은 우리 곁에 머무르는 그 편안함이 지금까지의 행동과 체험, 그리고 거기에 대한 느낌으로 구성된다고 했다. 그가 말하는 행동의 모자이크에는 수많은 다양한 행위들이 포함된다.

자기 삶의 주인이 되는 5분 명상

인간에게 있어 상상력은 극복할 수 없는 존재의 한계를 위로하고
유머는 존재의 실제 모습이 지닌 한계를 달랜다.

– 알베르 카뮈

독자들도 각자 자기만의 '가치 모자이크'를 제작해 보기 바란다. 재료는 어떤 것이라도 좋다. 커다란 종이 위에 각양각색의 카드를 붙여도 좋고 여러 색의 물감을 활용해도 좋다. 실제로 모자이크를 제작할 때처럼 모자이크용 각석이나 유리, 도자기 조각 등과 각 재료에 맞는 적당한 바탕을 이용해도 좋다.

• 먼저 지금까지 내가 실천한 행동들과 앞으로 실천하고 싶은 행위들을 메모지에 적은 다음, 그 조각들을 종이나 유리 조각에 붙인 뒤 바탕판에 붙인다. 직장에서 처리한 업무, 봉사활동 등의 사회활동, 악기 연주하는 법을 배웠던 것, 가족을 돌봤던 것 등 모든 것이 '행동'에 포함될 수 있다.

• 위의 과정을 다시 한 번 반복한다. 단, 이번에는 행동이 아니라 체험이 주제가 된다. 지금까지 내가 만난 사람, 내가 갔던 휴가여행, 내가 참가한 파티, 깊은 인상을 남긴 연주회, 운동 경기, 연극 공연,

책 혹은 내게 용기를 준 음악 등 다양한 것들이 '체험'에 포함된다.

- 이제 바탕판에는 알록달록한 색상의 카드나 유리 조각들 사이사이에 여백이 생긴다. 이 여백은 지금 이 순간 내가 느끼는 감정으로 채운다. 만약 아무런 감정도 일지 않는다면 그 공간을 그대로 비워두면 된다.

이때 조각과 조각 사이의 공간을 다양한 색상의 물감으로 칠한다. 기쁨을 표시하는 색상이 슬픔을 표시하는 색상과 같을 수는 없을 것이고, 분노와 환희는 서로 분명히 구분되는 두 가지 색상을 이용해 표현해야 할 것이다.

이렇게 제작된 '가치 모자이크'는 앞날을 설계하거나 목표를 설정하게 만드는 자극이 된다. 5년, 혹은 10년 뒤에 다시 한 번 가치 모자이크를 제작할 때, 그 안에 어떤 것들이 담기기를 원하는가? 어떤 모습의 모자이크가 나와야 내가 진정 기뻐할 수 있을까? 그 모자이크의 모습은 지금부터 각자가 하기에 달렸다. 예컨대 어떻게 살아야 할 것인가, 어떤 행동으로 내 삶을 채워 나가야 할 것인가 등에 대해 질문해 보고 거기에 대한 답변을 찾아보는 것도 매우 좋은 방법이다.

행복, 만족, 성공, 인정 등을 가지느냐 못 가지느냐 하는 문제는 결국 행동과 체험, 그리고 가치관에 따라 결정된다. 그런데 행복은 찾으려 노력할수록 더 꼭꼭 숨어 버리고 우리가 미처 생각하지 못한 곳에 숨어 있다는 특징을 지닌다. 의욕도 마찬가지이다. 의욕을 지녀야겠다는 생각이 강할수록 어떤 일을 하고 싶은 마음이 더 급속히 사라져 버린다.

어떤 새로운 요리에 대해 관심이 생길 때면 요리법을 메모해 두는 것이 도움이 된다. 하지만 요리법을 적어 두었다고 해서 음식이 차려지는 것은 아니다. 그 요리를 만들기 위한 노력과 창의력이 동반되어야 비로소 그 요리가 탄생한다. 이와 마찬가지로 수많은 생각과 여러 차례에 걸친 말만으로는 어떤 일도 이뤄지지 않는다.

"말로만 묘사한 음악은 이야기로만 듣는 점심식사와 같다." 는 그릴파르처의 말마따나 행동이 따르지 않는 말은 아무런 결과도 일으키지 못한다. 음악은 우리에게 힘과 감동을 안겨 준다. 하지만 CD에 담긴 음악을 틀지 않는 한, 그 음악이 우리한테 기쁨을 주지 못한다. 우리에게 필요한 것은 행동이다. CD를 CD플레이어에 넣고 플레이 버튼을 눌러야 그 다음 결과를 기대할 수 있다.

무언가를 계속 생각하고 저울질하면서 결정을 내리지는 못하는 우유부단한 이들이 있다. 그러한 우유부단함으로는 결코 행동에 한 발짝 더 다가갈 수 없다. 자신에 대한 믿음을 지닌 이들은 결단이라는 낙하산의 손잡이를 과감히 잡아당긴 뒤, 안전한 곳에 착륙할 것을 기대한다.

하지만 최상의 착륙 지점을 철저하게 물색한답시고 너무 오래 떠다니다가는 불시착을 하게 될 위험이 적지 않다. 어떤 상황 속에든 위험은 도사리고 있을 수 있고 어떤 결정을 내리든 위기에 봉착할 수 있다. 이럴 때 어쩌면 "더 나은 것을 찾다가 좋은 것을 놓칠 때가 많다."라는 셰익스피어의 말이 도움이 되지 않을까?

요리책에 적힌 방법들을 실천에 옮기는 문제를 그보다 훨씬 더 중대한 사안과 비교할 수 없다는 것은 당연지사이다. 요리를 만드는 데에는 그다지 큰 위험이 내포되어 있지 않고 시민의 용기 따위가 필요하지도 않다. 타인을 위해, 그리고 타인의 존엄성을 위해 자기를 희생하는 데에는 훨씬 더 많은 것들이 요구된다.

누군가를 위해 위험을 무릅쓸 때에는 오히려 그 희생이 남들의 조롱거리가 될 수도 있다. 나아가 자기 자신과 자신이 중시하는 가치를 수호하는 데에는 커다란 용기와 끈기가 필요하다. 아무리 내가 옳다는 신념이 있어도 남들이 나를 전혀 이해하지 못할 때면 좌절감과 절망감에 빠지기 마련이다. 확고한 신념이 고독감에 빠지는 것을 막아 주는 것도 아니다. 하지만 자신이 옳다고 믿는 것에 대한 굳건한 신념은 내 삶의 진정성 (authenticity)을 느끼게 해 준다.

신념은 말하자면 "신께 맹세컨대 나는 달리 어떻게 할 방법이 없다."는 고백과 같다. 역사를 되돌아보면 마르틴 루터처럼 끝까지 신념을 지킨 이들이 있다. 콘스탄틴 베커는 「백장미 (Die weiße Rose)」*라는 노래에서 조피 숄과 한스 숄 남매의 진정성과 시민의 용기를 탁월하게 읊은 바 있다.

오늘날에도 너희들은 아마 편하지 않았을 거야,

깃발 사이에 모인 다른 모든 이들처럼 말이지.

어떤 체제하에서든 똑바로 걸어가는 이들은

오로지 역사 속에서만 높이 평가될 뿐이지.

너희들은 이곳에서 너무도 중대한 일을 해냈어,

조피와 한스, 알렉산더**를 비롯한 나머지 모두들 말이야.

너희들의 순수함과 용기,

---

* 조피 숄과 한스 숄 남매가 소속된 백장미 클럽은 히틀러의 독재에 용기 있게 저항한 것으로 유명함. 국내에는 그들의 이야기가 잉에 숄의 『아무도 미워하지 않는 자의 죽음』을 통해 소개된 바 있음

** '백장미' 제1호를 한스 숄과 함께 발간한 알렉산더 슈모렐(Alexander Schmorell)을 가리킴

너희들의 신에 대한 믿음,

그 모든 것들이 얼마나 훌륭한 일을 해냈는지 아니?

우리는 다 알고 있어,

이 나라는 인간성을 달가워하지 않는다는 것을,

그렇기 때문에 인간성이 여기 아닌 다른 곳으로 떠나가

버렸다는 것을 말이야.

　누구도 우리에게 영웅적 행위를 하라고 강요하지 않는다. 누구도 자기 자신에게, 혹은 타인에게 영웅이 되라고 요구해서는 안 된다. 요즘 시대는 평범한 일상이 제시하는 다양한 과제들을 극복하는 것만으로도 충분히 피곤한 세상이다. 피곤한 것 이상으로 무리한 요구를 해 오는 일도 적지 않다. 그러니 너무 많은 것을 욕심내서는 안 된다. 그랬다가는 실천하지 못한 계획과 달성하지 못한 목표들 때문에 자기 자신에 대한 실망감만 커질 뿐이다.

　현실적 수준에서 목표를 정하고 그 목표를 달성해야 용기와 삶의 기쁨을 느낄 수 있다. 삶이 우리 앞에 던지는 질문들에 충실하게 답변하는 것만으로도 할 일은 충분히 많으니 너무 욕심을 내서 무리한 목표를 세우지는 말자.

담배를 입에 물고 살다시피 하던 친구 하나가 어느 날 이런 말을 했다. "흡연에 대해서는 여러 가지 우스갯소리들이 많지. 예컨대 담배가 죽음을 야기한다는 식의 그런 얘기들 말일세. 하지만 고대 이집트인들을 한번 보게. 그들 중 흡연자는 단 한 명도 없었지만 한 사람도 빠짐없이 모조리 다 죽지 않았나?"

그러다가 그 친구가 폐에 문제가 생겨 봄베이 시에 있는 암연구센터에서 검진을 받게 되었다. 그때 의사는 이렇게 말했다. "폐에 검은 얼룩이 두 개가 보입니다. 암 덩어리일 수도 있겠지요. 4주 후에 재검진을 했으면 합니다."

그 이후로 그 친구는 담배를 손으로 건드리지도 않았다. 예전의 그가 담배가 치명적일 수도 있다는 것을 '알고' 있었다면, 그 이후의 그는 그 사실을 뼈저리게 '깨달았던' 것이다. 그것이 바로 중대한 차이였다.

예수회 설립자인 성 이그나티우스 로욜라는 이와 같은 내용을 매우 뛰어나게 표현한 바 있다. 그는 진리를 '맛보고 느낀다'고 말했다. 진리를 단순히 아는 것이 아니라 맛보고 깨달으며 진리에 대한 감각을 얻는다는 말이다.

– 앤서니 드 멜로

위 얘기를 읽으면서 어떤 생각이 들었는가? 무엇이 우리에게 도움이 되는지를 아는 것은 어렵지 않다. 하지만 아는 것과 실천은 엄연히 다른 문제이다. 무언가가 진정 가치 있는 것이라고 깨달을 때 비로소 변화가 일어난다. 가치 있는 것, 즉 우리 자신에 대한 진정한 깨달음이 있을 때 자기 자신에게 무언가를 바라고 요구할 수 있다.

독자들에게 내가 얼마 전 일기장에 기록한 내용을 공개하고자 한다. 당시 나는 내 자신에게 내 스스로 바라는 네 가지 것들을 적어 보았다.

- 내 머릿속에 떠오른 생각을 실천에 옮기는 것이 옳은지 아닌지 여부를 묻지 말자. 그냥 행동으로 옮기자.

- 일기 쓰기에 시간을 할애하자. 일기를 쓸 때에는 단순히 그날 일어난 사건들이 아니라 그 일들과 관련된 마음속 느낌들을 기록하자.

- 외부의 도움을 활용하고, 남의 시간을 뺏는 것에 대해 너무 미안해하지는 말자.

- 내 삶에 집중하고, 내가 무언가를 놓치고 있는 게 아니라는 확신을 갖자.

기쁨과 감사

삶의 기저에 진정 기뻐할 이유가 자리 잡고 있지 않는 한,
우리는 어떤 이유나 원인이 있어야 기뻐한다. 하지만 진
정한 기쁨, 다시 말해 삶에 대한 근원적 기쁨은 딸기를 먹
을 수 있으니까, 휴교를 하는 날이 있으니까, 혹은 어느
멋진 방문자가 있으니까 느낄 수 있는 것이 아니다. 진정
한 기쁨에는 이유가 없다. 중세를 살았던 나의 가장 좋은
친구 마이스터 에크하르트의 말처럼 '아무 이유 없이' 기
쁠 수 있는 것이 바로 삶의 기쁨이다.

– 도로테 죌레[13]

진정한 기쁨에는 이유가 없다. 독자들도 그러한 기쁨을 이
미 체험했을 수도 있겠다. 외적으로 보기에 아무런 이유가 없

---

13) Sölle. Dorothee. Gegenwind, ⓒ 1995 by Hoffmann und Campe Verlag GmbH,
   Hamburg.

음에도 불구하고 그저 기뻤던 적이 있지 않은가? 그냥 내 안에 기쁨이 퍼지는데 그 이유를 알 수 없을 때가 있지 않았던가? 그 기쁨은 내면의 원천에서 샘솟는 것이다. 내면의 샘에서 끓어오르는 그 기쁨은 영혼과 육체에 생기를 불어넣는다. 우리는 대개 어떤 이유, 어떤 사건이 있어야 행복을 느낀다. 어떤 즐거운 일이 있어야 기쁨을 체험하는 것이다. 하지만 그 기쁨의 고향은 사실 삶의 기저에 자리 잡고 있다.

삶 자체에 대해 기뻐하는 사람, 그 삶이 비록 늘 즐겁지는 않더라도 살아 있다는 것 자체에 대해 기쁨을 느끼는 사람이 있다. 그들은 우리 삶과 우리를 둘러싼 세계를 풍요롭게 만드는 원천이다. 삶에 대해, 혹은 삶이 요구하는 어떤 수고들에 대해 아무런 주저 없이 "예"라고 말하는 사람들이 있다. 이를 테면 알베르트 슈바이처가 그들 중 한 명이었다. 그는 "세월은 피부를 쭈글쭈글하게 만들지만 열정에 대한 포기는 영혼을 쭈글쭈글하게 만든다"고 말했다.

우리에게 필요한 사람이 바로 슈바이처 같은 이들이다. 되도록 많은 이들이 기쁜 마음으로 이 세상을 살다가 저 세상으로 가는 그러한 세상을 염원한다면 우리 모두가 열정을 지녀야 하고 그 열정을 기꺼이 발현해야 한다. 열정을 두려워할 것이 아니라 그 열정을 적극적으로 받아들여야 한다.

알베르트 슈바이처는 비단 "생명에 대한 경외"라는 표현만으로 유명한 것이 아니다. 그는 그 탁월한 표현을 실제로 실천으로 옮긴 것으로도 유명하다. 슈바이처는 "생명에 대한 경외라는 윤리 안에는 모든 것이 내포되어 있다. 사랑과 헌신, 기쁨이나 노력을 공유하는 것 등이 그 안에 모두 담겨 있다."라고 했다.

살다 보면 내가 살아온 과정들 때문에라도 도저히 나와 떼려야 뗄 수 없는 관계에 놓이는 이들이 있다. 그 사람들은 생각하면 '고맙다'는 마음부터 든다. 그 고마움의 대상이 어쩌면 직장 동료일 수도 있고 옛 선생님일 수도 있고 언젠가 나를 진료했던 의사 선생님일 수도 있다. 어쨌든 그들은 나에 대해 많은 것을 알지 못할 게 빤한 데도 불구하고 나에 대해 더 많은 것을 아는 듯한 이들이다. 개인적으로 말하자면 내게 있어 그런 이는 바로 할머니이다. 할머니는 굳건한 신앙심에 삶의 뿌리를 두고 있는 사람이었고 언제나 삶에 대한 여유와 기쁨을 발산하는 이였다.

☕ 자기 삶의 주인이 되는 5분 명상

> 매일 내 안에서 만족을, 그리고 내 존재에 대한 감사의 마음을
>
> 느끼지 못한다면 내가 잘못 살고 있다는 뜻이다.
>
> – 한스 크루파

- 나는 내 존재에 대해 감사의 마음을 지니고 있는가?
- 그 사람이 존재하는 것만으로도 감사의 마음이 느껴지는 사람들이
  머릿속에 몇몇 떠오르는가?
- 내 안에 기쁨이 퍼지게 만들었던 음악이 머릿속에 떠오르는가?
- 문학, 그림, 건축 등 어떤 분야에서든 비록 내가 그 사람을 잘 알지
  는 못하지만 내게 영감을 주었고 그래서 감사해야 할 것 같은 사람
  이 있는가?

감사의 마음을 느낀다는 것은 무언가를 인식하는 능력과 깊은 연관이 있다. 내가 누군가의 말에 귀 기울인 적이 있다면, 누군가를 보며 배울 점이 있다는 생각이 든 적이 있다면, 누군가 나를 진심으로 받아들여 준다는 느낌이 든 적이 있다면, 그

리고 그 사람이 누구인지 생각이 난다면 그 사람에 대해 아마도 감사의 마음을 느낄 것이다.

감사의 마음은 대개 기뻤던 기억, 즐거웠던 기억과 관련이 있다. 기쁨과 거기에 대해 감사하는 마음은 때로 우리를 놀라게 만들고, 심지어 때로는 우리를 '덮치기'까지 한다. 그리고 그런 기억들 때문에 우리는 더더욱 '생생한 감사의 마음'을 그리워한다.

그 마음은 여러 가지 이름을 지니고 있다. 때로는 시민의 용기가 그 마음일 수도 있고, 삶에 대한 용기나 유쾌하고도 여유로운 마음이 그 마음과 동의어가 될 수도 있다. 내가 아끼는 다른 사람 역시 그러한 충만함을 느끼기를 바라는 마음은 무엇과도 비교할 수 없을 만큼 크다. 아래에 소개하는 디트리히 본회퍼의 글은 기쁨과 감사의 마음을 집약적으로 표현하고 있다.

글쎄요, 아마도 여러분들이 내게 보여 준 것들에 대해 매우 감사하고 있다는 말을 해야 할 것 같군요. 어쩌면 여러분들은 상상조차 할 수 없을 겁니다. 누군가 나에게 '당신의 어머니, 당신의 누이, 당신의 형제들이 방금 여기에 있었고 그들이 당신에게 무언가를 기꺼이 내 주었어요.'라는 말을 들을 때의 느낌 말입니다.

뭐랄까, 그러한 친밀감 말이죠, 여러분들이 늘 나를 생각하고 염려한다는 증거를 느끼는 것 말예요, 사실 거기에 대해 이미 나도 잘 알고 있었어요. 그런데 그게 얼마나 행복한 일인지 아세요? 그 행복이 나를 하루 종일 지켜 준답니다.

– 디트리히 본회퍼[14]

하루 종일, 나아가 한 평생 나를 지켜 주는 행복은 살아 있는 것들과의 만남에서 비롯된다. 오늘날, 삶이 인간에게 요구하는 외적인 면이 너무 많기 때문에 우리에게는 더더욱 사랑의 증거가 필요하다. 누군가 나를 진심으로 생각하고 걱정해 주고 있다는 증거가 필요하다. 그 사람이 살아 있다는 것 자체가 내게는 기쁨이라는 것을, 나아가 그 감사의 마음을 표현하는 것은 필요한 일이기도 하고 이 세상에서 가장 아름다운 일이기도 하다.

그 사람이 내게 꼭 필요한 사람이고, 그 사람이 이 세상에 살아 있다는 이유만으로 내가 얼마나 기쁜지를 표현함에 있어

---

14) Bonhoeffer, Dietrich, Widerstand und Ergebung, ⓒ by Gütersloher Verlagshaus, Gütersloh, in der Verlagsgruppe Random House GmbH, München.

인색해서는 안 된다. 그 기쁨에 대한 표현은 상대방이 내 마음을 알아주는지 여부와도 상관이 없다. 감사의 마음은 상대방의 칭송이나 미끈미끈한 칭찬 따위와는 전혀 상관이 없다.

나는 선물의 의미를 드레버만처럼 잘 표현한 사람도 없다고 생각한다. 드레버만은 "사람들은 서로 선물을 하곤 한다. 그 말의 뜻은 다음과 같다. 즉 내가 당신을, 예컨대 내 아내를, 내 남편을, 내 아이를, 그러니까 너무도 멋진 무언가를, 다시 말해 내게 주어진 선물을 온몸으로 느끼고 그 선물을 그 사람들에게 어느 정도 되갚아야 한다는 것이다. 그 사람은 내 행복이요, 그 사람의 존재는 과연 내가 누려도 될지 어떨지 모를 만한 기적적인 일이다."라고 했다.

그런 의미에서 선물은 사람과 사람의 관계 및 그 의미에 대한 감사의 표현이라 할 수 있고, 그 표현은 당연히 실천에 옮겨야 마땅한 행위라 할 수 있다. 때로 내게 제일 소중한 것이 내가 살아가면서 만나는 사람이라는 생각이 들 때가 있다. 그렇다면 그 순간을 누리고, 그 순간이 오래 지속될 수 있도록 노력해야 한다.

고맙습니다,
난 혼자서도 숨을 쉴 수 있으니까요!

"고맙습니다, 난 혼자서도 숨을 쉴 수 있으니까요."는 내 일기장에 적힌 말이다. 2001년, 그러니까 다른 이들의 도움에 의존할 수밖에 없고 혼자서 할 수 있는 일이라고는 숨 쉬는 것밖에 없을 때 기록한 내용이다. 당시 나는 다음과 같은 꿈을 자주 꾸었다.

때는 여름이다. 나는 스키 점프대의 끝 부분에 서 있다. 주변은 온통 푸른 들판이고 나는 무슨 마법에 걸린 사람처럼 그곳에 고정되어 있다. 스키 점프대를 보면 지금이 여름이라는 생각이 당최 들지 않는다. 얼음으로 된 주행로가 보이는데, 봅슬레이 활주로를 방불케 한다. 점프대 위에는 눈조차 보이지 않는다. 빙하라고 해도 좋을 만큼 모든 것이 얼어 있다. 아마도 몇 년에 걸쳐 굳어진 얼음인 듯하고 그 사이사이에는 깊은 고랑이 져 있다.

나는 그 코스를 정복하려고 노력하고 또 노력하는 선수 한 명을 보며 감탄해 마지 않는다. 드디어 그가 내 곁에 도달했을 때 나는 도저히 이해할 수 없다는 듯 묻는다. "어떻게 저 코스를 타고 내려올 수 있었어요?" 그러자 그가 조용히 웃으면서 대답한다. "한 번 발을 들여놓기만 하면 어떻게든 끝내게 되어 있죠."

나는 그 꿈에서 깨어날 때마다 감사의 마음을 느꼈고, 내게 무슨 일이 일어나든 결국 모든 게 잘될 것이라는 희망을 느꼈다. 물론 그 느낌이 현실과 완전히 일치하는 것은 아니었다. 척추 수술 때문에 거의 일 년 동안 앓아누웠고 그 이후에는 실직까지 했다. 하지만 비유적으로 말하자면 결국 나는 지금 그 꿈속의 들판 한가운데에 서 있다고 할 수 있다.

예전의 나는 남들의 비위를 맞추느라 바빴고 나 아닌 다른 누군가에게서 의지를 찾으려 노력했다. 더 구체적으로 말하자면, 나는 어떤 성과를 보여 주며 남들의 인정을 받고자 한 것이었다. 나는 인간적인 것에 대한 내 안의 갈망을 남들에게 보여 줄 수 있는 성과와 맞바꾸려 했다.

내 마음 깊은 곳에 자리 잡은 편안함에 대한 갈망은 그 무엇으로도 얻기 힘든 것이었다. 내가 내 스스로에게 요구해서 얻어지는 것도, 철저한 계산에 의해 얻을 수 있는 것도 아니었다. 나는 오랫동안 그 모든 악순환을 누군가가 발견해 주기를, 나아가 드디어 나라는 인간을 제대로 이해해 주기를 바라기만 해 왔다. 그러다가 빅터 E. 프랭클을 만나고 프랭클의 로고테라피를 만난 이후에야 비로소 그 악순환을 스스로 발견할 수 있었다.

그렇다, 여태껏 나는 내 세계를 꼭꼭 잠그고 있었고, 누구도 정복할 수 없는 스키 점프대 위를 달리고 있었던 것이다. 그러다가 결국 꿈속에서 들판을 헤맸고, 그 와중에 잠을 깼던 것이다.

나는 지금껏 나를 지켜 주었다고 믿었던 그 얼음을 이제부터 녹이기로 작정했다. 있는 그대로의 나를 받아들이고 나니 내 안의 삶의 기쁨과 감사의 마음이 커 가는 것을 느낄 수 있었다. 하고 싶은 말이 있을 때면 때로는 매우 즉흥적이고 개방적으로 나를 표현했고, 기쁨을 누군가와 나누고 싶을 때면 내가 나 스스로도 믿을 수 없을 만큼 창의적이 된다는 것을 알게 되었다.

그런가 하면 때로는 나를 지켜 줄 것이 아무것도 없고 내가 너무도 쉽게 상처받을 수 있다는 느낌이 들었고, 내가 상대방을 배려의 시각이 아니라 비판의 시각에서 바라보고 있다는 것을 깨닫기도 했다. 그러는 사이 나는 남들의 도움을 좀 더 쉽게 받아들일 수 있게 되었다. 물론 거기에도 단서는 있었다. 나는 어디까지나 내 존재를 받아들여 주는 사람들로부터만, 그리고 "고맙습니다, 난 혼자서도 숨을 쉴 수 있으니까요!"라고 자신 있게 말할 수 있을 때에만 도움을 받았다.

그 느낌은 마치 삶이 내 심장을 짓누르고 있던 돌덩이를 덜어내 준 것만 같았다. 마음의 부담을 덜고 나니 지나간 시간을 되돌아볼 때에도 고통스러운 기억에 매달리지 않게 되었다. 나아가 나는 과거를 부인함으로써 얻어지는 표면적 유쾌함이 아니라 현실을 긍정하는 것에서 출발하는 진정한 기쁨을 얻을 수 있었다. 즉 '그 모든 것에도 불구하고' 기쁨을 느낀 것이다.

살아오면서 그때처럼 내 삶의 진정성을 강렬하게 느낀 적은 없었다. 나는 내 안에서 점점 더 많은 여유를 느끼게 되었고, 그것을 그 무엇과도 맞바꾸고 싶지 않았다.

얼마 전, 일기장을 훑어보다가 내가 '따스함'이라는 표현을 너무도 자주 썼다는 사실을 깨닫고 매우 놀랐다. 그러다가 빅터 E. 프랭클의 글을 다시 읽기 시작했다. 책을 읽을 때면 마치 프랭클의 글이 내 정신과 영혼을 다시금 숨 쉬게 만들어 주는 것 같은 느낌이 들었다.

프랭클의 생각은 믿기 어려울 정도로 나를 따스하게 채워 주었다. 책을 읽는 것이 아니라 마치 그간 비디오나 카세트테이프를 통해 들어 온 그의 목소리를 듣고 있는 것 같았다. 나는 보석과도 같은 그 비디오와 카세트테이프를 내 스스로, 내 자신을 위해 자발적으로 틀었고 즐겁게 감상했다.

내 영혼은 살갗 깊숙이 파고들며 찌르는 바늘에도 상처 입지 않았다. 영혼은 그 주인이 자기를 믿어 주지 않을 때 비명을 내지른다. 내가 내 영혼을 진지하게 받아들이지 않는다면 내 자신에게 충실한 삶을 영위하기가 에베레스트 산을 정복하는 것만큼이나 힘들다.

음악이나 문학과 같은 '안전용 로프'가 있다 하더라도 밀려오는 눈사태를 막기에는 역부족이다. 잠 못 드는 밤이라는 형태의 눈사태는 나를 사정없이 출발점으로 미끄러뜨리며 그간 착실히 내딛은 걸음을 헛수고로 돌려 버린다. 그럴 때 나는 안전용 로프를 인간성이라는 갈고리에 안전하게 걸어 둔다.

지금 나는 말하자면 계획에 없던 등반을 하고 있는 중이다. 다시 내려가는 것은 불가능이고 계속 오르자니 눈보라가 휘몰아친다. 그렇다고 계속 한자리에 머물러 있자니 결국 동사하고 말 것 같다. 차라리 캠프로 돌아가서 날씨가 나아지기를 기다려야 할까? 혹시 지금 오르고 있는 이 구간은 늘 날씨가 나쁘지만 조금만 더 올라가면 햇빛을 볼 수 있는 것 아닐까?

지난 몇 년간 겪은 몇 가지 경험 속에서 온기를 느낀 적도 있고 냉기를 느낀 적도 있다. 무엇이 나를 따스하게 해 주었고 무엇이 나를 얼어붙게 만들었는지 냉철하게 평가해 볼 필요가 있을 듯하다.

  소중한 것을 놓아 줄 수 있는 능력은 아마도 살아가는 데 가장 필요한 기술 중 하나가 아닐까 싶다. 예컨대 나는 어릴 적부터 수영을 아주 좋아했다. 수술을 받은 이후, 수영은 취미를 넘어 생활이 되었고, 그에 따라 나는 훌륭한 수영장이 딸린 요양소에서 3주간 휴가를 보냈다. 의사는 물속에 30분 이상 머무르지 않는 것이 좋다고 권유했고, 나는 의사의 소견에 따라 시간제한을 엄수했다. 그러면서 마지막 5분은 물속에 더 깊이 잠겨 그 안에서 움직일 수 있다는 기쁨에 푹 젖었다.

  그럴 때 나는 마치 너무 신나서 어쩔 줄 모르는 강아지처럼 기쁨을 주체하지 못했다. 그런데 열흘이 지나자 변화가 느껴졌다. 나로서는 당황스럽기만 하고 도저히 이해할 수 없는 변화였다. 그때까지 내게 수영을 끝내야 할 시간을 친절하게 알려 주던 수영장의 벽시계가 갑자기 내게 무언가를 재촉하는 존재로 다가왔던 것이다.

  수영에 대한 기쁨이 한순간에 날아가 버렸고, 대체 무엇이 잘못되었는지 알 수 없어 나는 어리둥절할 뿐이었다. 기쁜 마음이 전혀 들지 않았음에도 불구하고 나는 계속 헤엄쳤다. 아니, 헤엄을 친다기보다는 기를 쓰고 1미터씩 앞으로 전진한 것이었다. 한창 팔다리를 움직이는 와중에 갑자기 예의 그 스키 점프대 꿈이 떠올랐다. 의아한 기분이 들었지만 어쨌든 계속 수영을 했다. 시계를 올려다보니 이제 겨우 20분이 지났다. 초침이 마치 거북이 걸음걸이로 움직이는 듯했다.

나는 도저히 더 이상은 버티지 못하고 수영장 밖으로 나와 선탠용 의자에 누워 그대로 잠들었다. 1시간 뒤 나는 극심한 통증 때문에 잠에서 깼다. 아무래도 수영과 척추 재활 운동, 물리치료, 수중 체조 모두를 한꺼번에 하는 게 무리인 듯싶었다.

어쨌든 통증 때문에 너무 화가 났고 불편한 심기가 가라앉지 않았다. 그럼에도 불구하고 척추 운동 프로그램에 참가했지만, 움직일 때마다 불쾌감은 더 커졌다. 물리치료사는 내게 더 이상 자기 몸을 괴롭히지 말고 무조건 쉬라고 충고했다.

침대에 드러눕자 갑자기 얼마 전에 읽은 글귀가 떠올랐다. "사람을 가장 큰 고독에 빠뜨리는 것이 바로 고통이다. 기쁨은 타인과 나누기 쉽지만 고통을 나누기는 불가능하기 때문이다."라는 내용이었다.

다음 날 나는 '운동 때문에 상태가 더 나빠졌다는 말은 들은 적이 없다'는 말을 내 자신에게 여러 번 상기시키며 일으키기 싫은 몸을 억지로 일으켜 발걸음을 다시 수영장으로 향했다. 벽시계가 마치 내 한계를 뻔히 다 안다는 듯 악의에 찬 웃음을 보내는 것 같았고, 나는 결국 10분 만에 물 밖으로 나왔다. 그러자 내 느낌을 따르는 것이 옳다는 생각이 들었고, 그와 동시에 내가 손가락 하나 꼼짝하기도 싫어하는 게으른 사람이 아닐까 하는 의심을 중단하게 되었다.

나는 운동이 도움이 됐으면 됐지 해가 되지는 않는다는 고집을 대체 무엇 때문에 버리지 못했을까? 맨 처음 내 안에 변화가 느껴졌을 때 그 느낌을 믿고 따랐으면 좋았지 않았을까? 스키 점프대 꿈도 일종의 힌트였는데 그 느낌을 따랐다면 쓸데없는 통증 때문에 괴로워하지 않아도 되었을 텐데!

그로부터 1년 뒤, 내 몸은 내게 또 다른 가르침을 주었다. 나는 건강을 위해 무언가를 하고 싶은 마음에 수영과 더불어 꽤 긴 시간 동안 산책도 하겠다고 결심했다. 그러나 그 결심은 결국 신체적 통증과 정신적 절망으로 끝나고 말았다.

그런데 내가 너무 욕심을 내고 있고 너무 서두르고 있다는 느낌은 뜻밖의 기회를 통해 내게 다가왔다. 누군가가 내게 『헤르만 마이어* 트레이닝 프로그램』이라는 책을 선물했다. 원래 스키를 좋아하고 운동이야말로 인생의 묘약이라고 믿던 나는 기쁜 마음으로 그 책을 읽었다. 거기에서 나는 내가 너무 많은 것을 한꺼번에 욕심내고 있다는 것을 느꼈다. 나는 기초체력을 단련하지도 않은 채 붉게 달아오른 얼굴로 숨이 차서 어쩔 줄 모르면서 여기저기를 헤집으며 마구잡이로 달리고 있었던 것이다.

한편, 속도를 늦추는 것 역시 서두른다고 될 일이 아니었다. 삶이 내 외적인 면을 조정하는 시계의 속도를 예전의 절반으로 줄여 놓기는 했지만, 내 내면의 시계는 예전의 습관을 고집했다. 내 머리도 내가 원하는 만큼 빠른 속도로 새로운 습관에 적응하지 못했다.

지금 나는 3년째 손목시계 없이 살며 전적으로 내 느낌에 의존하고 있다. 내게 있어 시간을 재는 모든 기계는 불필요한 장치일 따름이었다. 나는 그런 것들에 쫓겨 살고 싶지 않았다. 그러나 내 스스로 나를 재촉하고 있다는 생각은 미처 하지 못했다. 시계가 없어도 나는 여전히 늘 서두르고 모든 것에 욕심을 내고 있었다.

내 느낌을 믿고 따르는 것 역시 부질없는 짓에 불과했을까? 욕심과 현실적 가능성을 구분하는 것이 더 현명하지 않을까?

＊ 1972년 오스트리아 출생. 각종 세계대회를 석권한 오스트리아의 스키 선수

내가 내 자신과 내 몸이 얼마나 빠르게 변화하길 원했는지 한 번쯤은 생각해 봐야 할 시기였다.

본디 나는 계획하는 것을 싫어하고 느낌을 믿는 편이다. 하지만 그렇게 해서 그다지 큰 성과를 보지 못한 만큼, 현실적 수준에서 운동 계획을 세우고 내 욕심을 자제시키고 현실을 깨닫게 해 줄 맥박계를 늘 소지할 필요가 있었다. 나는 수영이 아닌 다른 운동을 할 수 있게 된 것이 너무도 기뻤다. 하지만 산책 시간을 20분으로 제한했다. 걷는 동안에는 맥박계를 보며 내가 무리하고 있는지 여부를 확인했다. 그렇게 하니 운동이 전혀 고통으로 느껴지지 않았고 오로지 기쁘기만 할 뿐이었다.

매우 느린 속도이기는 했지만 어쨌든 나는 적은 것이 더 많은 것일 수 있다는 것을 깨달아 가고 있었다. 그때까지 나는 건강해지기 위해서는 내가 내 몸을 괴롭혀야 한다고만 굳게 믿어 왔다. 그런 내가 너무도 오랫동안, 너무도 멍청했다는 깨달음도 거북이 속도로 내 생각을 점령해 왔다.

나는 스키 점프대 꿈을 통해 무슨 일이 일어나도 결국에는 모든 것이 잘 될 거라는 믿음을 얻었고, 수영장 벽시계와 맥박계를 통해 적은 것이 더 많은 것이라는 것을 깨달았다.

그 깨달음은 내가 내 자신과 내 삶의 애인이 될 수 있다는 인식으로 발전했다. 나는 내 삶 속에서 따스함을 느꼈고, 따스함에 대한 갈망이 다시금 커질 때면 나뿐 아니라 아주 많은 이들이 마음속에 그러한 갈망을 품고 있을 것이라는 생각이 들었다.

라인하르트 마이는 아마도 그 누구보다 그러한 갈망에 대해 잘 알고 있었을 것이다. 그렇기 때문에 다음과 같은 노래를 부를 수 있었을 것이다.

「7시 15분 전」[15]

어두운 먹장구름이 다가오고 있어,
그러면서 갑자기 땅거미가 졌어.
제강소 위에는 네온사인이 푸른빛을 발하고 있지,
그러면서 그곳 창문들은 밝아졌고 말이야.
"대체 어딜 그렇게 돌아다닌 거야?
흠뻑 젖은 신발부터 어서 벗어 버려!"
때로 난 지금이 다시 7시 15분 전이었으면
좋겠다는 생각을 해.
그리고 집으로 가고 싶다는 생각을 해!

---

15) aus Taschenbuch Alle Lieder, Maikäfer Musik Verlag, Lehrte.

그날이 토요일이고 동그란 케이크가 있었으면 좋겠어,

그 케이크가 이미 식탁 위에 놓여 있으면 좋겠어.

그 옆에는 코코아가 한 주전자 놓여 있고,

그 곁에는 내 찻잔도 있었으면 좋겠어.

갈색의 그 케이크 틀을 뒤집는 것도 나여야 하겠지.

강판에 초콜릿을 갈아

내 코코아의 거품 위에 뿌리는 것도 나여야 하겠지.

때로 난 지금이 다시 7시 15분 전이었으면

좋겠다는 생각을 해.

그리고 집으로 가고 싶다는 생각을 해!

우편함 속의 신문지와 광고지 사이에서

편지를 한 통 발견해,

그 편지가 널 뿌리부터 뒤흔들어 놓지.

그토록 잘 어울렸던 한스와 안나가 헤어졌다는 내용이지.

그토록 서로를 사랑하는 둘을 보며 얼마나 부러워했건만!

그런데 이렇게 갑자기 모든 게 끝이라고 해.

때로 난 지금이 다시 7시 15분 전이었으면

좋겠다는 생각을 해.

그리고 집으로 가고 싶다는 생각을 해!

아버진 아마도 거실에서 라디오를 듣고 있겠지.

그 오래된 '그룬디히' *에 빠져서 말이야.

아빠를 보면 '다 좋은데 날 귀찮게만 하지 마'라는 말을

하고 있는 것 같아!

어쩌다가 아빠가 날 쳐다볼 때도 있어.

비난이 가득한 모습으로 안경을 치켜 올리며 이렇게 말하

는 것 같아.

"아이고야, 네 꼴이 대체 뭐니!"

때로 난 지금이 다시 7시 15분 전이었으면

좋겠다는 생각을 해.

그리고 집으로 가고 싶다는 생각을 해!

껍데기는 점점 얇아지고 잔은 점점 비어 가지,

마법의 음료도 제대로 효과를 발휘하지 못해.

근심은 깊어지고 위로조차 힘들어지는 듯해,

그것 역시 더 이상 모든 것을 치유하지는 못하는 듯해.

걱정근심 없던 날들은 다 어디로 갔을까,

그걸 알고 나면 어떤 느낌이 들까?

＊ Grundig. 각종 가전제품으로 유명한 독일의 업체명

때로 난 지금이 다시 7시 15분 전이었으면

좋겠다는 생각을 해.

그리고 집으로 가고 싶다는 생각을 해!

단 한순간만이라도 다시 한 번 짐을 내려놓고

꾸밈없이 들뜬 기분으로,

어두운 길을 지나 피난처를 향해 간다면,

그러면서 '모든 것이 좋아질 거야!' 라 믿을 수 있었으면!

때로 난 모든 것이 간단했던 그 상태로 돌아갔으면

좋겠다는 생각을 해,

모든 길들이 일자로 쭉 뻗어 있었으면 해.

때로 난 지금이 다시 7시 15분 전이었으면

좋겠다는 생각을 해.

그리고 집으로 가고 싶다는 생각을 해!

나는 이 노래의 가사와 멜로디를 아주 좋아한다. 그럼에도
불구하고 이 노래마저 내게 유쾌한 기분을 선사하지 못할 때
면 나는 이렇게 말한다, "사랑하는 내 삶아, 고맙다, 적어도 난
혼자서도 숨을 쉴 수 있으니까."라고.

참고문헌

- Aeppli, Ernst, Der Traum und seine Deutung, Erlenbach-Zürich 1973.

- Aurel, Marc, Selbstbetrachtungen, Frankfurt a. M. 2003.

- Bergmüller, Heinrich, Das Hermann-Meier-Trainingsprogramm, München 2004.

- Bonhoeffer, Dietrich, Widerstand und Ergebung, München 연도 미상.

- Goethe, Johann Wolfgang, Faust. Der Tragödie erster und zweiter Teil. Urfaust, München 1998.

- de Mello, Anthony, Der Dieb im Wahrheitsladen, Freiburg i. Br. 1997.

- de Mello, Anthony, Eine Minute Unsinn, Freiburg i. Br. 2006.

- de Mello, Anthony, Eine Minute Weisheit, Freiburg i. Br. 2005.

- Dönhoff, Marion von, Was mir wichtig war, München 2003.

- Drewermann, Eugen, Zeiten der Liebe, Freiburg i. Br. 1992.

- Erhardt, Heinz, Das große Heinz Erhardt Buch, München 1996.

- Exupéry, Antoine de, Lichtgrüße vor der unendlichen Nacht, München 2006.

- Frankl, Eleonore, Begegnungen in der Mariannengasse, Innsbruck-Wien 2005.

- Frankl, Viktor E., Ärztliche Seelsorge, Wien 2005.

- Frankl, Viktor E., Der Mensch vor der Frage nach dem Sinn, München 2004.

- Frankl, Viktor E., Kreuzer Franz, Im Anfang war der Sinn, München 1997.

- Frankl, Viktor E., ... trotzdem Ja zum Leben sagen, München 1977.

- Frankl, Viktor E., ... trotzdem Ja zum Leben sagen Und ausgewählte Briefe(1945–1949). Hg. v. Alexander Batthyany, Karlheinz Biller u. Eugenio Fizotti, Wien/Köln/Weimar 2005.

- Frankl, Viktor E./Lapide, Pinchas, Gottsuche und Sinnfrage, Gütersloh 2005.

- Fried, Erich aus: Brigitte Hellmann, Der kleine Taschenphilosoph, München 2004.

- Havel, Václav, Moral in Zeiten der Globalisierung, Reinbek bei Hamburg 1998.

- Geißler, Karlheinz A., Zeit verweile doch ... Lebensformen gegen die Hast, Freiburg i. Br. 2000.

- Ginott, Haim G., Teacher and Child (Takt und Taktik im Klassenzimmer), Freiburg i. Br. 1985, 절판.

- Hesse, Hermann, Die Antwort bist du selbst, Frankfurt am Main,

Leipzig 2000.

- Hillesum, Etty, Das denkende Herz, Reinbek bei Hamburg 1985.

- Hüther, Gerald, Bedienungsanleitung für ein menschliches Gehirn, Göttingen 2003.

- Hüther, Gerald, Biologie der Angst, Göttingen 1997.

- Hüther, Gerald, Wohin, weshalb, wofür? Vortrag im Juni 2005, 다운로드 링크: http://www.exixtenzanalyse.co.at.

- Kästner, Erich, Lyrische Hausapotheke, München 2005.

- Kafka, Franz, Brief an Oskar Pollack (27. Jänner 1904) in: Franz Kafka, Briefe, Bd. 1, Frankfurt a. M. 1999.

- Klingberg jr., Haddon, Das Leben wartet auf Dich, Wien–Frankfurt/Main 2002.

- Köhler, Peter, Das Anekdotenbuch, Ditzingen 2001.

- Mey, Reinhard, Alle meine Lieder, Maikäfer Musikverlag, Lehrte 1996.

- Mey, Reinhard, mit Bernd Schröder, Was ich noch zu sagen hätte, Köln 2005.

- Mertl, Monika, Nikolaus Harnoncourt, St. Pölten/Salzburg 2004.

- Pluhar, Erika, Der Fisch lernt fliegen, Hamburg 2000.

- Pluhar, Erika, Trotzdem, in: Zwischen die Horizonte geschrieben, Carl Ueberreuter Wien 1991.

- Reddemann, Luise, Eine Reise von 1000 Meilen beginnt mit dem ersten Schritt, Freiburg i. Br. 2004.

- Reddemann, Luise, überlebenskunst. Von Johann Sebastian Bach lernen und Selbstheilungskräfte entwickeln, unter Mitarbeit von Peer Abilgaard. Mit CD (Klett-Cotta Leben!) Klett-Cotta, Stuttgart 2006.

- Roth, Eugen, Eugen Roth für Lebenskünstler, München/Wien 1995.

- Schaffer, Ulrich, Grundrechte – Ein Manifest, Stuttgart 1988.

- Schweitzer, Albert, Ehrfurcht vor dem Leben, Neukirchen-Vluyn 2005.

- Schmild, Wilhelm, Schönes Leben? Frankfurt a. M. 2005.

- Sölle, Dorothee, Gegenwind, Hamburg, 1995.

- Sölle, Dorothee, Mystik und Widerstand, Hamburg 1997.

- Titze, Michael/Patsch, Inge, Die Humorstrategie, München 2004.

- Thümer Rohr, Christina, Vagabundinnen, Frankfurt a. M. 2001.

- Ustinov, Peter, Achtung Vorurteile, Hamburg 2003.

- Wecker, Konstantin, Die weiße Rose, FANFARE MUSIK-VERLAG München.

- Werner, Oskar, Wahrheit und Vermächtnis, 3CDs, München 2000.

- Willemsen, Roger, Der Findling. Erinnerungen an Peter Ustinov, unter http://www.ustinov-foundation.org
- Zuckmayer, Carl, in: Werner, Oskar: Wahrheit und Vermächtnis: Büchner, Goethe, Rilke, Schiller, Weinheber, Wiechert, Zuckmayer, Köln (BMG Wort) 2000.